Annette Penno, Anja Schäfer (Hrsg.)

Wenn Teens beten ... ... ist nichts unmöglich

Noch mehr packende Geschichten

SCM R.Brockhaus

SCM

Stiftung Christliche Medien

RBtaschenbuch Bd. 747

Umschlag: Denis Holzmüller, Karlsruhe
Satz: www.factory-media.net | Remscheid
Druck: CPI-Ebner & Spiegel, Ulm
ISBN 978-3-417-20747-7
Bestell-Nr. 220.747

Inhalt

Beten, wenn …

Es war der Morgen vor einer gefürchteten Mathearbeit. Ich hatte wie viele meiner Mitschüler nur recht wenig vom Stoff kapiert, weil in unserem Mittelstufen-Kosmos viel spannendere Dinge als mathematische Formeln kreisten, und nun saß ich mit ihnen in den letzten Minuten der Pause leicht nervös vor der Klassentür. Plötzlich fragte mich Sandra, die neben mir hockte:
„Sag mal, machst du eigentlich irgendetwas Besonderes, wenn du dich beruhigen willst? Yoga vielleicht?"
Ich blickte sie kurz an und erklärte wahrheitsgemäß: „Eigentlich bete ich dann."
Sie sah mich fragend an: „Und, reagiert Gott denn?" „Ja. Cool, was? Probier's doch auch mal aus, wenn du das noch nicht erlebt hast!"
Bei diesem Gespräch auf dem Schulflur war ich 15 – und nicht immer so überzeugt gewesen, dass die Sache mit dem Beten eine sichere Kiste ist. Dass Gott mir persönlich antwortet und tatsächlich auf das reagiert, was ich ihm erzähle. Aber ich hatte in der Zwischenzeit so viele Storys von so vielen normalen Leuten wie mir gehört, die nach einem Gebet eine Antwort aus dem Himmel bekommen hatten: Da war das fehlende Geld, das plötzlich im Briefkasten lag; der Zettel auf der Parkbank mit der nötigen Entscheidungshilfe; der Freund, der trotz der ärztlichen Todesprognose nicht gestorben war; die junge Frau, die nach jahrzehntelangem Entzug erst mit Gebet ihre Sucht in den Griff bekam.
Die vielen Gebetserhörungen – mal leise oder langsam, mal sofort und spektakulär – hatten mir Mut gemacht und mich mit Hoffnung und Vorfreude angesteckt, dass Gott auch meine

Welt rocken würde. Denn ich wollte ebenfalls solche Geschichten erzählen können. Unbedingt. Also hab ich's dann immer wieder gewagt: Mein zusammengekratztes Vertrauen Gott gegeben, losgebetet – und abgewartet, was passiert.
Seitdem sind viele Jahre vergangen. Mittlerweile kann ich meine eigenen Gebets-Storys erzählen: von den Engeln, die meinen Bruder im Krankenhaus beschützt haben; von dem Job als Redakteurin einer Jugendzeitschrift, den ich mir immer gewünscht habe; von dem jahrelangen Schmerz über einen Verrat, der ganz plötzlich einfach wie weggeweht war; von der tröstenden SMS im richtigen Moment; oder von dem leisen Wunder, dass Gott mich beruhigt, wenn ich etwas Schwieriges vor mir habe und eigentlich nicht glaube, dass ich das packe.
Wenn eine neue Geschichte dazukommt, in der ich selber vorkomme oder die Gott mit anderen schreibt, werde ich jedes Mal ganz zappelig vor Glück. Dann würde ich am liebsten jeden, der mir über den Weg läuft, in meinen Freudentaumel mit hineinziehen: „Kannst du dir etwas Krasseres vorstellen, als zu erleben, dass Gott quicklebendig ist und deine Alltagswelt auf den Kopf stellt? Gott nimmt Gebete total ernst und reagiert darauf. Er hinterlässt seine Antworten wie einen Fingerabdruck in deinem Leben, wie eine Notiz mit der ‚Ich-war-hier-Message'. Wusstest du das?"

Genau deshalb gibt es dieses Buch. Die Geschichten hier drin wollen Mut machen, Gottes Herz mit deinen eigenen Hoffnungen, Wünschen und Nöten zu bestürmen. Seine Fußspur zu erwarten. Und zu finden. Und weil es für das Ticket ins Gebetsabenteuer mit Gott keine Altersbegrenzung gibt, sind es Geschichten von Teens, die genau das getan haben. Die vertraut und losgebetet haben und von Gott nicht enttäuscht wurden. Denn wenn Teens beten, ist Gott nicht nur ganz Ohr. Wenn Teens beten – ist nichts unmöglich. Probier's aus!

Annette Penno

PS: Hast du irgendwo Gottes Fingerabdruck in deiner Welt entdeckt? Dann mail uns deine Geschichte an info@teensmag.net. Wir freuen uns darauf, von dir zu lesen!

„Beten, wenn ... ... du praktische Hilfe brauchst

Nicht der Vergesslichkeit Gottes sollen unsere
unentwegten Gebete um Gottes
Eingreifen wehren, sondern unserer eigenen.

Hans-Joachim Eckstein[1]

Beten erfordert genauso viel Disziplin
wie das Spielen eines Instruments,
das Malen, die Kunstschreinerei
oder das Beherrschen einer Fremdsprache.

Bruce Duncan

Punktgenaue Rettung

„Hat jeder seinen Rucksack für die Wanderung fertig gepackt?", hörten wir den Leiter unserer Mädchenfreizeit rufen. Wir antworteten alle mit einem lauten „Ja" und freuten uns auf die große Wanderung in die Schweizer Berge, die jetzt vor uns lag. Es konnte endlich losgehen. Während des Aufstiegs, bei dem wir uns begeistert Meter für Meter hochkämpften, machten wir mehrere Pausen, um etwas zu trinken und uns auszuruhen. Die letzte Etappe führte uns durch eine Wolke hindurch zu unserem Ziel: dem See. Wir sahen nur Bruchstücke von ihm, obwohl er genau vor uns lag. Es war faszinierend zu sehen, wie die Wolken kamen und auf einmal wieder verschwanden. Für dieses wunderbare Naturschauspiel hatten sich die Strapazen der Wanderung wirklich gelohnt.

Doch unsere Begeisterung hielt nicht lange an. „Irgendetwas stimmt mit mir nicht. Mir ist plötzlich so schwindelig …", konnte Nadine gerade noch sagen, bevor sie an Ort und Stelle zusammenbrach. Hilflos und blass lag sie auf dem Boden. Sie zitterte am ganzen Körper. Ebenso hilflos standen wir alle um sie herum und versuchten erfolglos, schnell einen Rettungshubschrauber zu rufen. Aber der Handyempfang war in dieser Höhe sehr miserabel und wir wussten selber, dass es bei dem Nebel ohnehin fast unmöglich war, uns zu finden. Wir hatten keine Chance, jemand Erfahrenen zu erreichen. Es war ziemlich ausweglos. Wir fingen an, gemeinsam Gott inständig zu bitten, dass er uns hilft und uns aus dieser Situation rettet.

Wenige Zeit später sahen wir einen Mann auf uns zukommen. Wie sich herausstellte, war er eigentlich nur auf der Suche nach seinen Kühen, die ihm von der Weide ausgebrochen waren. Aber er trug einen kleinen Medizinkoffer bei sich, den ihm seine Frau an dem Morgen „für alle Fälle" mitgegeben hatte. Wie durch ein Wunder war genau das richtige Erste-Hilfe-Medikament für Nadine dabei! Während sie die Medizin bekam und sich unsere beiden Mitarbeiter mit ihr im Auto des fremden Mannes ins Krankenhaus aufmachten, traten wir nachdenklich und schweigsam, aber auch erleichtert und dankbar den Rückweg an. Als unsere Leiter später wieder zu Hause ankamen, erzählten sie uns, dass es Nadine mittlerweile schon wieder besser ging. Gott hat wirklich mit einer pünktlichen Rettung auf unsere Gebete geantwortet.

Annika, 16, Lisa, 15, Damaris, 15, und Danika, 15

Gebetstraining

Ein Jünger sprach Jesus an, druckste vermutlich ein bisschen rum (weil er möglicherweise vermutete, das könnte eine blöde Frage sein) und bat ihn: „Kannst du uns nicht beibringen, wie man betet?" (siehe Lukas 11,1). Jesus lachte schallend, klopfte sich auf die Schenkel und sagte, das könne doch jedes Kind und da gäbe es nix zu lernen. Nein, halt, Quatsch, das hat er natürlich nicht gesagt! Er hat gesagt: „Alles klar. Blöde Fragen gibt es schon mal gar nicht, danke für dein Interesse, da gibt es viel zu lernen und hier ist ein Beispiel, wie ihr beten sollt." Und dann hat er ihnen das Vaterunser genannt. (Übrigens hatte Jesus vermutlich nicht im Sinn, dass alle Christen das auswendig lernen und sonntags runtersagen können. Ihm ging's wohl mehr um die Art, wie wir beten sollen und um die einzelnen Themen, die darin vorkommen.) Jesus fand also durchaus, dass man Beten lernen kann. Und was Jesus fand, finden wir auch. Darum gibt's in den folgenden Praystations jede Menge Tipps, wie man Beten besser lernen kann. Es geht in ihnen nicht darum, irgendwas durchzuleiern, bevor wir wirklich zu Gott kommen können. Sondern sie sollen euch helfen, eure Beziehung mit Gott zu vertiefen.

Auf Tauchgang

Ich war mit den Royal Rangers fünf Tage lang auf einer Kanutour. Am zweiten Tag hatte einer unserer Leiter seine Brille in einer Stromschnelle verloren, und es war total unwahrscheinlich, dass wir sie wiederfinden würden. Dann haben wir alle gemeinsam angefangen zu beten. Und keine zwei Minuten später ist einem von uns die Brille genau gegen sein Bein gespült worden!

Patrick Berroya

Zeitloch

Wir warteten auf den Bus an einer Haltestelle im Niemandsland. Genauer gesagt irgendwo im Tessin, wo ein paar Freunde und ich die Jugendgruppe unserer Gemeinde besucht hatten, die dort gerade im Freizeitlager waren. Nun mussten wir aber wieder zurück und waren als Schüler auf die kostengünstige Transportvariante von Bus und Bahn angewiesen. Der Fahrplan in unseren Hosentaschen verriet uns, dass wir noch einen langen Heimweg vor uns hatten. Und einen extra langen, wenn dieser Bus nicht rechtzeitig kam. Da wir nämlich in der nächstgrößeren Stadt in einen Zug umsteigen und auch noch Tickets besorgen mussten, konnte sich der Bus nur eine Verspätung von sechs Minuten erlauben. Keine besonders gute Startposition für uns, denn die Busfahrer in dieser Gegend waren bekannt für ihre Unpünktlichkeit.

Während wir in der brennenden Sonne auf den Bus warteten, verstrichen die nächsten Minuten unerbittlich. Sechs davon waren schnell um – und immer noch keine Spur vom Bus. Angespannt schauten wir uns an. Dann zeigte meine Uhr eine Verspätung von zehn Minuten an, dann eine von siebzehn Minuten. Endlich kam der Bus angefahren. Wir stiegen so schnell wie möglich ein, doch der Fahrer schien es nicht eilig zu haben. Es kam uns wie eine Ewigkeit vor, bis das Dröhnen des Motors endlich verriet, dass es weiterging. Ein Freund von uns hatte die Hoffnung inzwischen schon aufgegeben und meinte resigniert: „Vergesst es! Den Zug erwischen wir auf keinen Fall. Wir müssen also einen riesigen Umweg fahren und sind erst nach Mitternacht zu Hause. Und dann müssen wir noch eine halbe Stunde zu Fuß gehen. Super!"
Ein anderer Freund von mir wollte das genauso wenig wie ich wahrhaben und so beteten wir schließlich dafür, dass Gott die Zeit unter Kontrolle behielte. Der Bus hielt wieder an. Wieder dauerte es eine Ewigkeit, bis er weiterfuhr, und ein Freund meldete sich wieder mit seinen Zweifeln. Wir beteten weiter. Einige Haltestellen und nervöse Blicke auf meine Armbanduhr später erreichten wir den Stadtrand. Wir beteten wieder – in sechs Minuten fuhr unser Zug! Wir hatten wieder eine Chance! Von da an konnten wir kaum noch still sitzen. Vor jeder Ampel hatten wir Angst, dass sie auf Rot springen könnte, doch plötzlich kam uns alles bekannt vor: Wir hatten die Bahnhofstraße erreicht, packten unsere Sachen und stürmten an die Bustür.

Wir erreichten den Bahnhof drei Minuten vor der Abfahrtszeit unseres Zuges und hatten somit sogar noch Zeit, eine Fahrkarte zu lösen. Wo kamen nur diese drei Minuten her? Für uns war klar: Wir hatten unsere Zweifel, aber Gott hatte bewiesen, dass er derjenige ist, der die Zeit in seinen Händen hält. Vertrauensvorschuss lohnt sich bei ihm immer.

Claudio Cantieni, 17

Ich rede täglich mit Gott.
Beten ist ein wichtiger Bestandteil meines Christseins.
Auch wenn ich manchmal tagsüber so viel zu tun
habe, dass ich im Abendgebet einschlafe.
Auf alle Fälle beende ich jeden Tag mit einem Gebet.
Grundsätzlich gibt es in meinem Leben
unglaublich viele Gründe, mich im
Minutentakt bei Gott zu bedanken.
Aber auch in Phasen, in denen es mir nicht
immer so gut ging, war mein Glaube gleich stark.

Jürgen Klopp, Fußballtrainer

Der Gruß an die Schönheit ist ein Gebet

Gott ist schön. Und umgekehrt: Wenn wir Schönes entdecken, können wir uns angewöhnen, kurz an den Schöpfer zu denken. Der katholische Priester Ernesto Cardenal hat das in *Das Buch von der Liebe* so ausgedrückt:

„Beim Anblick alles Schönen, eines schönen Menschen, einer schönen Landschaft, sollen wir an die Schönheit Gottes denken, der alles erschaffen hat. Wir sollen uns uneigennützig daran erfreuen, ohne sie selbst besitzen zu wollen und sie damit ihm wegzunehmen, weil diese Schönheit ein Tribut an ihn ist. Du lebst für Gott und Gott für dich. Freue dich an aller Schönheit, weil sie ein Lobgesang auf den Geliebten ist und darum auch ein Lobgesang auf dich. Er ist dein und du bist sein."[2]

Geldsegen

Alles fing damit an, dass mein Englischlehrer von der Möglichkeit berichtete, einen Auslandsaufenthalt zu machen. Da mich Finnland schon immer interessiert hat und ich so gerne die Sprache dort lernen wollte, musste ich bei der Länderwahl gar nicht lange überlegen: Finnland! Ich wünschte mir nichts anderes, als ein Jahr dorthin zu gehen.

Einige Zeit nachdem ich meine ersten Bewerbungsunterlagen abgeschickte hatte, wurde ich von der Organisation zum Auswahlverfahren eingeladen. Doch bei diesem Treffen ging alles schief: Es gab einen megalangen Stau auf dem Hinweg, sodass ich total zu spät kam; das Interview an sich lief irgendwie komisch; und zu allem Überfluss war das Gutachten meines Klassenlehrers nicht angekommen. Ich rechnete mir keine großen Chancen aus – und behielt recht: Sie lehnten dann ab, mich nach Finnland zu vermitteln.

Doch ich gab noch nicht auf. Jetzt interessierten mich die USA. Vor allem deshalb, weil es für dieses Land die meisten Stipendien gab. Damit würde ich die Chance auf eine ähnlich günstige Finanzierung wie in Finnland haben. Ein Auslandsaufenthalt ist ziemlich teuer – und als Schüler hatte ich kein dickes Sparkonto, das mir das Jahr finanzieren konnte. Also bewarb ich mich bei einer kleinen Organisation, die mir eine Freundin aus der Gemeinde empfohlen hatte. Und diesmal war ich erfolgreicher: Sie nahmen mich an.

Jetzt betete ich tagelang und lag Gott damit in den Ohren, dass er mir doch eines dieser Stipendien geben sollte, für die ich mich beworben

hatte, damit ich der Organisation meine endgültige Zusage geben konnte. Tage vergingen, Wochen vergingen – doch es passierte einfach nichts. Ich bekam das Stipendium nicht. Gott hatte meine Gebete nicht erhört. Ich war total verzweifelt. So nah am Ziel, aber ohne Stipendium! Ich fragte Gott: „Wieso werde ich für das Auslandsjahr angenommen und bekomme dann letztendlich doch nicht das Teilstipendium?" Eine sofortige Antwort bekam ich nicht, aber ich wollte einfach noch nicht aufgeben.
Ich legte mich richtig ins Zeug und probierte alle möglichen „Geldauftreibetricks" aus: Ich suchte Sponsoren, bat Verwandte um einen Zuschuss, bot der Zeitung monatliche Berichte gegen Bezahlung an ... Meine ganzen Anstrengungen brachten auch tatsächlich etwas ein, und die Euros sammelten sich langsam an. Aber es reichte einfach nicht. Es fehlten noch 1 500 Euro. Irgendwann sagte ich dann zu Gott: „Okay, erklärst du mir, was das soll? Ich bemühe mich so sehr, Wege zu finden, um an Geld zu kommen, dass sogar die Schule schon ein bisschen darunter leiden musste. Aber es klappt nicht. Ich bin am Ende. Ich lege das Ganze jetzt einfach in deine Hände und werde mich nicht mehr darum kümmern. Wenn du willst, dass ich in die USA gehe, dann musst du das jetzt schon selber machen."
Am nächsten Tag klingelte das Telefon. „Das ist bestimmt die Organisation, die sich jetzt beschwert, dass ich immer noch nicht zugesagt habe, obwohl sie die Meldefrist für mich schon zweimal verlängert haben", dachte ich. Es war tatsächlich die Organisation. Aber sie wollte sich nicht beschweren, ganz im Gegenteil. Als ich der

Frau am anderen Ende der Leitung erklärte, dass ich das Geld noch nicht zusammen hatte, sagte sie zu mir: „Das haben wir uns schon gedacht. Deshalb haben wir beschlossen, dich mit 1 500 Euro zu unterstützen.“ Ich konnte es nicht fassen. Das war genau der Betrag, der noch fehlte ...! Ich bin Gott unendlich dankbar, dass er mir dieses Jahr in den USA ermöglicht. Mein Weg dorthin war eine harte Prüfung, Gott völlig zu vertrauen – aber das zu lernen, hat sich wirklich gelohnt. Ich kann nur jeden ermuntern, das auch zu tun.

Lina, 17

*Das Gebet ist meiner Ansicht nach nichts anderes
als ein Gespräch mit einem Freund,
mit dem wir oft und gern allein zusammenkommen,
um mit ihm zu reden, weil er uns liebt.*

Teresa von Avila

Ideen für Kerle und Frauen

For Girls: Wäscheklammerngebet

Super Idee: Kurze Stichworte mit Gebetsanliegen auf Holzwäscheklammern (gibt's zum Beispiel in manchen Supermärkten und Bastelläden) schreiben und an eine kurze Kordel klemmen, die du über deinem Schreibtisch aufspannst. Entweder nimmst du die Wäscheklammern ab, wenn die Anliegen erfüllt sind, oder du klemmst aus roter Pappe ausgeschnittene Herzen ein und notierst darauf, wie Gott geantwortet hat.

For Boys: statt Tattoo

Bisschen crazy: Gebetsanliegen auf den Unterarm schreiben, langärmliges Shirt drüber – so erinnerst du dich und Gott den ganzen Tag daran.

For Boys: Hochladegebet

Computer können nervtötend langsam sein. Wenn du das nächste Mal fingertrommelnd vor dem Monitor sitzt: Nutze die Zeit für ein Gebet! Du kannst dir auch einen schicken Bildschirmhintergrund einrichten, der dich ans Beten erinnert: Pray now!

Regen gestoppt

Gott hat die Erde gemacht – aber dass er auch Macht über die Natur hat, habe ich mit anderen Jugendlichen dieses Jahr auf einem christlichen Sommerlager am Niederrhein erlebt. Wir hatten eine ganze Zeit lang ziemlich gutes Wetter. Doch an einem Tag regnete es nonstop. Regen konnten wir in so einem Camp natürlich nicht gebrauchen, da wir die ganze Zeit unter freiem Himmel waren und in Zelten geschlafen haben, die hin und wieder auch mal Wasser reinlassen. Dazu kam noch, dass bei Regen das fest geplante Programm fast vollkommen umgeschmissen werden musste. Deswegen haben wir alle gebetet, dass Gott den Regen stoppt und die Sonne scheinen lässt. Während der freiwilligen Gebetszeit am Abend ist es dann geschehen: Nachdem jemand noch einmal kräftig für das Wetter gebetet hatte, verzogen sich pötzlich die ganzen Regenwolken und die Sonne kam heraus und erhellte den ganzen Platz.

Marius Klotz, 16

Selbst im Angesicht der großen Menschenmenge
hat Jesus sich nie hetzen lassen,
sondern sich zuerst zum Gebet zurückgezogen.

Eva-Maria Admiral

Beten und lachen

„Musst du zu Hause vor dem Essen beten?", fragt der Lehrer im Religionsunterricht. „Ne", meint Max überzeugt, „meine Mama kocht ziemlich gut!"

Ein Pastor und ein Busfahrer stehen vor Petrus, um in den Himmel zu kommen. Petrus sagt zum Busfahrer: „Komm rein!" Zum Pastor sagt er, er solle noch im Wartebereich Platz nehmen. Der Pastor ist irritiert und fragt nach. Petrus antwortet: „Du hast jeden Sonntag gepredigt, aber deine Zuhörer sind dabei eingeschlafen. Doch wenn der Busfahrer durch die Straßen gebrettert ist, haben alle Passagiere inständig gebetet."

Es tobt ein Sturm. Das Schiff wird von den hohen Wellen hin- und hergeschleudert. Der Kapitän schreit in den tosenden Wind: „Weiß jemand, wie man betet?" Meldet sich ein Matrose: „Jawohl, Captain, ich weiß, wie das geht!" Antwortet der Kapitän: „Dann bleiben Sie hier und beten – wir haben nämlich eine Schwimmweste zu wenig ..."

Wer wirklich betet,
erlebt sich als Kind vor seinem Gott.

Ralf Albrecht

Wertvoller Anruf

Wenn man zur Schule geht und bei der Nachhilfe nicht viel verdient, ist der Führerschein teuer. Und wenn man dann nicht mal einen Ferienjob in den Sommerferien findet, sieht es für das baldige Fahrerlebnis ziemlich schlecht aus. Immer wieder überlegte ich mir deshalb, wie ich den Führerschein finanzieren könnte. Und dann bekam ich plötzlich eine Mail: Ein Bekannter meiner Freundin hatte Gott um Geld für seinen Führerschein gebeten – und prompt lag eine Woche später ein Briefumschlag mit dem passenden Geldbetrag in seinem Briefkasten! „So etwas ist doch voll krass!", dachte ich. „Wenn Gott sich um den Führerschein von diesem Jungen gekümmert hat, wieso dann nicht auch um meinen?" Also bat ich Gott um Geld für den Führerschein. Ich war vollkommen sprachlos, als mein Großonkel eine Woche später anrief und meinte: „Marianne, ich würde dir gerne deinen Führerschein bezahlen." Gott ist doch einfach nur genial, oder?

Marianne, 18

Das Werk gibt dem Wort innere Stärke, doch das Gebet erwirbt für Taten und Worte innere Kraft.

Bernhard von Clairvaux

Beten, wenn ... ... jemand Heilung braucht

Reden ist nicht notwendig, um zu beten.
Nur Liebe.

Richard Foster

Wie ein Schuster einen Schuh machet und ein Schneider einen Rock, also soll ein Christ beten. Eines Christen Handwerk ist Beten!

Martin Luther

Kurzer Prozess

Regungslos und stumm lag ich im Bett. Im Koma. Fünf Tage lang. Das einzige Geräusch kam von den vielen Überwachungsgeräten, die die Ärzte an meinen Körper angeschlossen hatten. Ich hatte einen sehr schweren Fahrrad-Unfall erlitten und die Diagnose lautete: mittelschwere Hirnverletzung. Als ich wieder aufwachte, lag ich sechs Wochen lang im Kinderkrankenhaus und war in dieser Zeit ziemlich durch den Wind. Alles, was man mir sagte, vergaß ich sofort. Und wenn ich selber etwas sagen wollte, dann wiederholte ich mich mindestens zweimal hintereinander. Mit mir und meinem Kopf stimmte wirklich einiges nicht.

Als ich später auf eine Reha-Station kam, war das erst mal keine Erleichterung, sondern ganz schön hart für mich. Dort hatte ich direkt vor Augen, dass nicht immer alle Verletzungen heilen. Ein junger Mann zum Beispiel, der dort mit mir lag, hatte einen Autounfall gehabt. Seitdem war er geistig stark behindert – ohne große Hoffnung, dass sich das wieder geben würde. Oft war ich in dieser Zeit am Boden zerstört und dachte: „Wenn Gott doch allmächtig ist, warum tut er nichts und greift nicht heilend ein?" Was ich sah und dachte, zog mich so runter, dass ich immer mehr mein Vertrauen in Gott verlor. An Beten war da natürlich auch nicht zu denken. Stattdessen war ich mir sicher, er würde mich einfach in dieser Klinik hängen lassen.

Falsch gedacht. Schon nach sechs Wochen konnte ich in die Tagesklinik verlegt werden und durfte zum Schlafen immer nach Hause fahren. Was für ein Fortschritt! Es war zwar klar, dass ich das Schuljahr wiederholen musste, weil ich so viel Unterricht verpasst hatte, aber ich erinnere mich noch, wie seitdem mein Glaube an Gott langsam zurückkehrte. Meine Situation war ja gar nicht hoffnungslos – mir ging es immer besser! Eine Therapeutin sagte mir sogar einmal ganz deutlich: „Selina, es ist unglaublich, dass du mit deiner Gehirnverletzung nur so kurz im Krankenhaus warst!" Noch heute wird mir gesagt, dass ich meiner Hirnverletzung einen außergewöhnlich kurzen Prozess gemacht habe. Denn viele Menschen müssen oft ein Jahr lang in der Reha

bleiben und keiner weiß, wie gut sie ihre Krankheit überstehen. Ich gehe seit Längerem wieder normal zur Schule und bin dankbar, dass ich einen ganz gewöhnlichen Alltag haben kann.
Aber das Entscheidende für mich an dieser Geschichte ist eigentlich etwas anderes: Meine Schwester erzählte mir einige Zeit später, dass unsere ganze Jugendgruppe in dieser Zeit für mich gebetet hat. Gerade damals, als ich selber Gott gar nicht mehr vertrauen konnte. Und trotzdem hat er mir so deutlich geholfen. Bis vor meinem Unfall hatte ich nicht daran geglaubt, dass Gebet wirklich so viel erreichen kann. Aber jetzt habe ich dieses Wunder selber erlebt und hoffe, dass ich noch öfter dabei sein kann, wenn Gott eingreift. Denn wenn Teens beten, tut er Wunder …

Selina, 17

Wer Gottes Antworten
auf seine Gebete für andere aufschreibt,
hat einen großen Schatz an Erinnerungen.

Gordon MacDonald

Was soll man eigentlich so beten?

Du hast alles Erdenkliche gebetet, was dir in den Kopf kommt – aber es sind erst zweieinhalb Minuten um? Keine Sorge: Das kennen viele ... Was hilft: ein Geländer. Daran kann man sich entlanghangeln. Zum Beispiel das ABCDE-Gebet. Praktisch, wenn man nicht mehr weiter weiß oder abschweift – dann geht man einfach zum nächsten Buchstaben über.

Anbeten – Sag Gott alles, wofür du ihn loben und preisen willst. Für die großartige Schöpfung, für seine tiefe Liebe, für seine Größe und Heiligkeit.
Bekennen – Nimm dir Zeit vor Gott zu überlegen, was in den letzten Tagen nicht so toll gelaufen ist. Wo hast du nicht nach seinen Prinzipien gehandelt? Wo entdeckst du Sünde, die du noch mit dir rumschleppst? Wenn wir sie bekennen, vergibt Gott liebend gern!
Chillen – Sitze ruhig vor Gott und halte dich ihm hin. Höre zu, ob er dir etwas zu sagen hat. Und wenn du merkst, dass deine Gedanken verweht sind wie die Wolken, dann lass sie treiben und höre weiter.
Danken – Freunde, voller Kühlschrank, gute Noten, regelmäßiges Taschengeld, warmer Sonnenschein. Es gibt etwa eine Trillion Gründe, Gott zu danken. Du kannst ja mal mit 27 anfangen. Oder so ...
Erbitten – Jetzt ist Zeit für Daniel im Krankenhaus zu beten, für deine Oma, die nächste Klausur und für die Freunde, denen Jesus noch nicht besonders wichtig ist.

Attacke, ade!

Vor einiger Zeit wurde in unserer Jugend für Krankenheilung gebetet. Ich litt seit längerer Zeit unter Migräne und dachte mir: „Lass mal für dich beten. Du hast ja nichts zu verlieren." Seit diesem Gebet hatte ich keine Migräne mehr! Gott hat mir gezeigt, dass ich ihm immer vertrauen kann und er meine Probleme löst, wenn ich ihn bitte. Die Vorstellung, geheilt zu werden, ist schon unglaublich. Es dann aber wirklich zu erleben, ist das Beste!

Franziska Colmorgen, 13

Respekt!

Ich hatte die magische Altersgrenze von 13 Jahren gerade so überschritten und verhielt mich anderen gegenüber entsprechend unernst und unüberlegt, als ich auf meine erste Freizeit im Ausland fuhr. Dort hörte ich an einem Abend eine Andacht zu dem Thema „Veränderung ist möglich". Der zugrunde liegende Bibeltext war die biblische Geschichte aus dem Johannesevangelium, wo Jesus einen Kranken am Teich Bethesda heilt, nachdem der dort 38 Jahre lang krank lag. Der Mitarbeiter teilte – vielleicht in weiser Voraussicht – einen kleinen Papierschnipsel an jeden Teilnehmer aus, auf dem die drei wichtigen Worte standen: „Veränderung ist möglich". Erst drei Jahre später, erneut auf einer Freizeit, fand ich den kleinen Zettel wieder und erinnerte mich an

diese Andacht. Lange zuvor schon war mir klar geworden, dass mein Verhalten oft respektlos war und andere verletzte. Natürlich war ich nicht schwer krank, wie der Mann, den Jesus in der Geschichte heilte. Aber wieso sollte Jesus einen Jugendlichen mit Charakterschwäche nicht auch verändern können, wenn er sogar Tote auferwecken kann?
Und so betete ich. Ich begann, gezielt um eine Veränderung in mir selbst zu bitten. Ich zweifelte nicht daran, dass Jesus mein Leben verändern würde – eigentlich ganz untypisch für mich. Sehr langsam, aber stetig begann sich in mir eine Wandlung zu vollziehen: Mit der Zeit merkte ich, wenn ich etwas Unüberlegtes gesagt hatte und wenn ich andere Menschen verletzt hatte. Nach vielen weiteren Gebeten kann ich jetzt nicht von mir sagen, dass ich schon am Ziel angekommen bin und der bin, den Jesus aus mir machen möchte. Aber ich habe wirklich große Fortschritte gemacht. Ich kann behaupten, dass ich mittlerweile über ein gewisses Maß an Selbstbeherrschung verfüge und meinen Mitmenschen mit viel mehr Respekt gegenüberstehen kann. Jesus war in diesem Veränderungsprozess die ausschlaggebende Person. Kein Zweifel! Dieses Erlebnis mit Jesus war für mich zwar weniger spektakulär als die Heilung für den jahrzehntelang kranken Mann, aber es hat mir die Gewissheit gegeben, dass Jesus meine Gebete hört und manchmal sogar erhört.

Sebastian Bernick, 17

Sehr geehrter Jesus, ich informiere Sie hiermit ...

Ein 17-jähriges Mädchen besuchte einen großen Abendgottesdienst, in dem Gott von Herzen gefeiert wurde. Als sie wieder zu Hause war, saß sie in ihrem Bett und betete: „Lieber Vater, das war ein genialer Gottesdienst, die Band hat so tolle Lieder gespielt und die Predigt hatte mir echt was zu sagen, das war der Hammer. Ich kann das gar nicht so erzählen. Du hättest dabei sein sollen!"

Manchmal haben wir das Gefühl, wir müssten Jesus im Gebet über unser Leben informieren. Dabei ist er ja sowieso 24 Stunden an sieben Tagen der Woche direkt neben uns! Es geht nicht darum, ihm was Neues zu erzählen. Sondern die Beziehung mit Jesus zu pflegen.

Euer Vater weiß genau, was ihr braucht, noch bevor ihr ihn darum bittet!

Matthäus 6,8

In seinen letzten Tagen auf der Erde hat Jesus Petrus gefragt: „Hast du mich lieb?", und Petrus hat geantwortet: „Du weißt sowieso alles, Herr, du weißt auch, dass ich dich lieb habe." Stimmt. Jesus wusste es tatsächlich vorher. Aber es gehört zu einer Beziehung, dass wir voreinander und miteinander nachdenken und Dinge aussprechen.
Lies noch Markus 10,51 und Psalm 139,2–4 dazu und gucke, was diese Texte zu der Frage sagen: Wenn Jesus alles weiß, warum beten wir dann noch?

Katzenpfoten

Als ich noch klein war, bekam meine Katze Schnurrli auf ihrer linken Vorderpfote ein Geschwür. Viele unserer Bekannten rieten uns, die Katze einschläfern zu lassen. Als wir mit ihr zum Tierarzt gingen, sagte er uns, dass er sie zwar operieren könne, es aber keine Garantie für ihre Heilung gab. Deswegen ließen wir sie nicht operieren. Ich betete aber fast jeden Abend für sie. Ungefähr zwei Jahre später war dann gar nichts mehr von ihrem Geschwür zu sehen! Heute lebt Schnurrli immer noch. Gott sagt zu Gebeten entweder Ja oder Nein. Oder wie bei meiner Katze: Warte.

Annina

Wirklich gewachsen

Schuhe kaufen fand ich schon immer richtig ätzend. Allerdings nicht, weil ich nichts fand, das mir und meinem Geldbeutel gefiel, sondern weil meine Füße nie in ein Paar Schuhe passten. Sie waren nämlich unterschiedlich groß: Mein linker Fuß hatte Größe 40, der rechte hatte Größe 39. Als ich vor einem Jahr das erste Mal im Glaubenszentrum Bad Gandersheim auf einer Freizeit für Teens war, erzählte dort einer der Leiter in einem Workshop, dass wir als Christen heute auch noch Wunder an Menschen vollbringen können. So wie Jesus vor 2000 Jahren. Ich wurde hellhörig, dachte aber im ersten Moment: „Na ja, ob das wirklich so stimmt?" Als wir dann aber aufgerufen wurden, nach vorne zu kommen, wenn wir Schmerzen oder andere Probleme hätten, sagte ich mir: „Los, Melissa, geh schon. Was hast du denn schon groß zu verlieren, wenn du jetzt nach vorne gehst?" Also ging ich nach vorne und erklärte dem Leiter mein Schuh-Problem. Dann rief er alle Workshopteilnehmer nach vorne, um mit ihnen für die Heilung meiner Füße zu bitten. Als dann alle für mich beteten, merkte ich, dass mich plötzlich ein ganz, ganz warmer Strom durchströmte und Gott meinen Körper berührte. Nach dem Gebet bedankte ich mich bei allen, dass sie Gott für mich um Heilung gebeten hatten und ging mit meinen Freundinnen zum Abendessen. Während des Essens wurde ich dann aber richtig neugierig, ob sich an meinen Füßen etwas verändert hatte. Also schaute ich an mir herunter: Da ich an diesem Tag meine Birkenstocks trug, konnte ich meine beiden Füße sehr gut vergleichen. Ich erschrak fast vor Freude, denn es sah wirklich so aus, als wären meine beiden Füße endlich gleich groß! Um sicherzugehen, dass ich mich nicht irrte, schaute ich nochmal und nochmal und nochmal nach … Sie hatten wirklich beide die gleiche Größe! Und zwar die Größe 39. Nun konnte ich endlich wieder mit Freude Schuhe kaufen gehen. Gott ist ein so großer Gott, der Wunder tut, wenn du es nur zulässt.

Melissa Weber, 14

Beten, wenn ... ... andere Jesus noch nicht kennen

Viel Liebe, nicht viele Worte, wenn du betest!

Augustinus

Im Gespräch mit Gott geht kein Atemzug verloren:
Sprich weiter!
In der Nachfolge Jesu geht keine Anstrengung
verloren: Geh weiter!
Im Warten auf Gott ist keine Minute verloren:
Warte weiter!

Corrie ten Boom

Genial gelenktes Gespräch

Es war eigentlich wie immer: Ein ganz normaler Morgen, ich musste zur Schule, war noch ziemlich müde und außerdem spät dran. Trotzdem betete ich noch schnell auf dem Weg zur Bahn: „Jesus, ich bitte dich, dass du mir an diesem Tag offene Augen und Ohren für meine Mitschüler gibst. Ich würde ihnen gerne von dir erzählen."

Als ich in der Schule ankam, hörten wir erst einmal einen zweistündigen Vortrag, den wir in den folgenden vier Stunden in einer Gruppenarbeit vertiefen sollten. Ich nutzte die Möglichkeit, um die drei Leute aus meiner Gruppe zum Jugendgottesdienst meiner Gemeinde einzuladen. Und dann ging es auch schon los. Sie löcherten mich mit ihren Fragen: „Wie läuft denn so ein Gottesdienst für Jugendliche ab?" – „Wer predigt da?" – „Warum lässt Gott Leid zu?" – „Warum gehen Christen zur Bundeswehr?" und „Warum glaubst du überhaupt an Gott?"
Mit der Gruppenarbeit kamen wir zwar nicht sehr weit, aber wir haben uns tatsächlich drei Stunden lang über Gott und den Glauben unterhalten. Daraufhin kam eines der Mädchen in der Pause noch mit in den Gebetskreis und schwärmte danach sogar richtig davon. Das machte noch andere Schüler neugierig, sodass sie sich zu uns setzten, um ihre Fragen loszuwerden. Am Ende dieses Morgens staunte ich einfach nur, was Gott aus einem verschlafenen Mädchen wie mir alles rausgeholt hatte! Ich hatte gebetet, ja. Aber ich hatte nicht richtig damit gerechnet, dass Gott mich gerade an diesem Tag auch wirklich gebrauchen konnte. Trotzdem hat er es getan. Ich konnte von ihm erzählen. In Zukunft werde ich besser aufpassen, was ich bete. Denn er hört Gebet!

Susanne, 18

Ideen, um mit mehreren für Freunde zu beten

Teelichttablett

Du brauchst: ein nicht zu großes Tablett (oder einen Essteller), eine Tasse voll Dekosand (oder Sand vom Strand oder Vogelsand) und zehn bis zwanzig Teelichter.

Jetzt könnt ihr nacheinander für eure Freunde beten und dabei immer ein neues Teelicht für sie anzünden. Dabei passiert nix Mystisches, aber es ist eine gute Hilfe, um die Gedanken immer wieder zurückzulenken und bildlich vor Augen zu haben: Gott kann und will das Licht für ihr Leben sein!

Reise nach Gebetlehem

Du brauchst: Musik. Für jeden einen Zettel und Stifte. Mindestens drei Tische. Einen DJ.

Die Tische stehen so im Raum verteilt, dass man gut drum rum gehen kann. Jeder schreibt den Namen eines Freundes oder einer Freundin auf den Zettel, der oder die noch nicht an Jesus glaubt. Legt die Zettel auf die Tische. Wenn die Musik spielt, laufen alle um die Tische herum. Wenn der DJ sie stoppt, bleibt jeder an dem Tisch stehen, der ihm am nächsten ist, und betet mit allen, die ebenfalls dort stehen für die Leute, deren Namen auf den Zetteln stehen.

Der geheimnisvolle Helfer

Es war kalt. Eiskalt. Nicht, dass das eine große Rolle gespielt hätte, aber die Tatsache, dass es kalt ist, man an einem Bahngleis steht und nur die Aussicht auf weitere Schulstunden am Nachmittag hat, sorgte nicht gerade für Bombenstimmung. Aber es sollte noch besser kommen. Ich war nämlich nicht allein. Wie jeden Freitagnachmittag wartete ich mit einem Mitschüler am Bahnhof auf den Zug zur Schule. Während wir dort rumstanden, fragte er mich, was ich denn an diesem Abend vorhätte. Ohne dass mir bewusst war, welche Folgen meine Antwort haben würde, sagte ich: „Wie jeden Freitag bin ich in unserem Jugendgottesdienst."
Stille.
„Du machst Witze, oder?" Als er sichergestellt hatte, dass ich keinen Witz gemacht hatte, löcherte er mich mit einer Frage nach der anderen. Von A wie Alkohol über E wie Evolution, L wie Langeweile bis zu Z wie „Z, jetzt ist sie völlig durchgedreht" war alles dabei. An sich hätte ich mich über sein reges Interesse freuen können – nur leider war er recht zynisch drauf und nur darauf aus, mir den Rest zu geben. Als er bei der Frage „Und was macht ihr da so? Etwa Beten?" angelangt war, fiel es mir wie Schuppen von den Augen. Ich hatte vor ein paar Tagen genau für diesen Jungen gebetet! Neben all den anderen, die ich zu JesusHouse einladen wollte, bat ich Gott – kurz im Nebensatz – doch auch ihm zu helfen und irgendwie zu handeln. Da hatte ich also den Salat. Innerlich ein wenig belustigt über Gottes Handeln und meinen eigenen Kleinglau-

ben, beantwortete ich geduldig Frage um Frage. Ich betete inständig, dass Gott mir Kraft und die richtigen Worte schenken möge, und doch merkte ich meine innere Anspannung. Ich dachte: „Irgendwie trage ich ja schon ein Stück weit die Verantwortung über den weiteren Lebensweg des Jungen, oder? Was ist, wenn ich etwas Falsches sage oder etwas, das ihn total abschreckt?"

Mitten in seinen und meinen Fragen erschien plötzlich ein junger Mann auf der Bildfläche. Auf eine sehr höfliche, ruhige und dann doch irgendwie dreiste Art fragte er den Jungen aus meinem Kurs: „Interessiert dich das wirklich?" Mindestens ebenso perplex wie ich antwortete er, dass er sich eigentlich mehr über mich lustig mache – woraufhin er von dem Unbekannten zum abendlichen Jugendgottesdienst eingeladen wurde …

Ich bin mir sicher, dass ich diesen Nachmittag auch ohne diesen jungen Mann überlebt hätte. Aber ich habe wieder mal hautnah erlebt, wie gut Gott es mit mir meint und wie sehr er mir beisteht und mich unterstützt. Er schenkt mir unheimlich viel. Ich möchte lernen, vor allem auf die kleinen Dinge zu achten und Gott bewusst dafür zu danken. Manchmal kommt es mir so vor, als ob er sich das Wichtigste aus meinen Gebeten raussucht und ich möglichst viel beten muss, damit die Chance höher ist, dass auch viel Wichtiges und Richtiges dabei ist. Aber ich habe kapiert, dass er auch die scheinbar unwichtigen Dinge, die ich im Nebensatz hinterherschiebe, ganz genau hört. Das macht mir Mut. Und Gott hört nicht nur, er handelt auch!

Natalie Kanwischer, 19

Gerettet, um zu retten

Bei der Aktion „gerettetumzuretten" kannst du mit deiner Teengruppe, deinem Jugendprojekt, deinem Hauskreis oder wem auch immer mitmachen und dich in den Auftrag von Jesus einklinken: Freunde und Leute, die wir kennen, vor der Verlorenheit zu retten. Weil Jesus Lebenssinn gibt und Denken und Handeln verändert. Das Ziel: Dafür beten und darauf zuarbeiten, dass sich die Gruppengröße durch Entscheidungen für Jesus verdoppelt. Doppelt so viele wie jetzt? Klingt verrückt? Das soll auch so sein! Denn manchmal braucht man große Ziele, die man nur mit Gott zusammen schafft. Und weil das so ist, gibt es bis 2011 – und hoffentlich auch darüber hinaus – jeweils am 9. November einen Gebetstag für die junge Generation in Deutschland, bei dem Gott gefeiert wird und er eingeladen wird, unser Land zu verändern.
Noch mehr Infos, Möglichkeiten zum Mitmachen und Anmelden gibt's unter: www.gerettetumzuretten.de

Gebete werden nach dem Gewicht
und nicht nach der Länge gemessen.

C.H. Spurgeon

Staunende Lehrerin

Vor drei Jahren hatte ich eine Religionslehrerin, die ich wirklich überhaupt nicht mochte. Sie erzählte uns, dass die Bibel nicht wahr sei, und konnte auch sonst mit meiner Klasse nicht besonders gut umgehen. Als ich eines Abends betete, hatte ich aber den Eindruck, dass ich auch für sie beten sollte. „Das fällt mir echt nicht leicht", sagte ich zu Gott. „Es ist einfacher, für Menschen zu beten, die ich lieb habe." Aber ich wollte gehorsam sein und betete für sie.

Am nächsten Tag hatte ich wieder Religionsunterricht. Da erzählte meine Lehrerin unserer Klasse, dass sie gestern auf der Autobahn unterwegs gewesen war und ihr Reifen geplatzt ist. Aber glücklicherweise erst in dem Moment, als sie schon auf der Ausfahrt war und durchs Abbremsen ein langsameres Tempo draufhatte. Wenn der Reifen noch auf der Autobahn mit hoher Geschwindigkeit geplatzt wäre, hätte sie das vielleicht nur schwer verletzt überlebt. Sie war natürlich ziemlich froh, dass es sie nicht so schlimm erwischt hatte.

Ich wusste, was Gott von mir wollte: Ich sollte ihr erzählen, dass ich für sie gebetet hatte. Oha. Ich musste meinen ganzen Mut zusammennehmen, bin aber zu ihr gegangen und habe ihr erklärt: „Wissen Sie, ich habe gestern zu dem Zeitpunkt für Sie gebetet, als Sie mit dem Auto unterwegs waren. Ich denke, Gott hat Sie bewahrt." Da war sie total platt und erst mal ein bisschen sprachlos, bevor sich sich dann aber ehrlich bei mir bedankt hat. Ich liebe es, von Gott gebraucht zu werden!

Hannah Meyer, 16

Bürgermeistergebet

Er weiß, was in der Stadt läuft. Er kennt die Sorgen und Nöte der Stadt. Er weiß, welche Entscheidungen anstehen und wo es Probleme gibt. Schreibt dem Bürgermeister einfach mal einen Brief, in dem ihr ihm kurz erklärt, dass ihr ein paar Jugendliche seid und Gutes für eure Stadt bewirken wollt. (Kann sein, dass ihn schon das umhaut ...) Schreibt ihm, dass ihr für die Stadt beten wollt, und bittet ihn, ob er euch Gebetsanliegen nennen kann. Und fragt ihn auch, ob ihr für ihn beten dürft. Vielleicht lädt er euch sogar zu einem Gespräch in sein Büro ein, um euch persönlich kennenzulernen und mit euch zu reden?

So sollt ihr für die Herrschenden und andere
Menschen in führender Stellung beten,
damit wir in Ruhe und Frieden so leben können,
wie es Gott gefällt und anständig ist.

1. Timotheus 2,2

Ohne Worte und T-Shirt

Blauer Himmel, die Sonne brennt. Es ist Sommer! Um mich herum ein Meer von Autos und Einkaufswagen. Ich stehe auf einem riesengroßen Parkplatz und glotze gedankenverloren Richtung Supermarkt. Ich bin am Grübeln. Was wollte ich hier eigentlich? Einkaufen? Ich war doch gestern erst hier. An meinem Auto spiegelt sich mein T-Shirt wieder. „jesus." steht da drauf. Im selben Moment weiß ich wieder, was ich vorhabe: Ich will hier im supervollen Supermarkt von der Information am Eingang bis zu den Kühltruhen am Ende sprinten. Und dann auf der anderen Seite zurück nach vorne zu den Kassen. Und das mindestens zwei Runden. Mindestens! Alle sollen mich und mein krass-cooles Shirt mit dem Aufdruck „jesus." sehen. Alle sollen peilen, wer in meinem Leben das Sagen hat. Jesus und sonst keiner!
Noch kurz ein Stoßgebet in den Himmel und schon befinde ich mich vorne im Eingangsbereich. Ich fühle mich beobachtet und verspüre irgendwie gerade ein komisches Gefühl im Bauch. „Warum glotzen die mich so an?", frage ich mich. Ihre Blicke scheinen mich zu durchbohren. „Immer schön cool bleiben", flüstere ich mir im Stillen ein. Je weiter ich allerdings komme, desto mehr Blicke scheinen mich von links, rechts, vorne und sogar von hinten beinahe aufzufressen. Irgendwie kommt mir meine Aktion jetzt doch etwas peinlich vor. Ich will mein Shirt ausziehen, aber: Falscher Ort, falsche Zeit. Wer sprintet schon halb nackt durch einen Supermarkt? Vor allem nicht hier, da ich jetzt im Bereich der Kühltruhen angelangt bin. Minus drei Grad. Und dann noch diese

ätzenden Blicke. Jetzt fangen die auch noch an zu tuscheln: „Jesus – wie assi ist der denn drauf?" Mir läuft's kalt den Rücken runter, und ich will hier ganz schnell raus. Mit einem schnellen Sprint und tosendem Gelächter von links, rechts, vorn und hinten rase ich aus dem Supermarkt. Diese grinsenden Blicke …

Vier Jahre später. Dreimal in der Woche jobbe ich in einem kleinen Laden für Gummibären. Ohne mein krass-cooles jesus.-Shirt. Denn irgendwie hat sich in den vier Jahren etwas verändert. Ich muss jetzt anderen nicht mehr beweisen, wie cool mein Jesus ist. Erst recht muss ich mich nicht äußerlich so kleiden, wenn es mir doch eigentlich peinlich ist. Denn es kommt darauf an, wie ich meine Beziehung zu Jesus wirklich lebe. Alles, was da aufgesetzt und nicht ernst gemeint ist, wird früher oder später meine Beziehung zu anderen killen, wenn nicht sogar kaputt machen.

Was hat das jetzt alles mit einem Gebetserlebnis zu tun? Gebet habe ich anfangs immer mit Worten wie „verstaubt" und „trocken" in Verbindung gebracht. Etwas total Langweiliges, das ich durchziehe und zäh wie Kaugummi ist. Es hat ziemlich lang gedauert, bis ich kapiert habe, dass es beim Beten nicht ums Gebet, sondern um die gelebte Beziehung mit Gott geht. Je tiefer und echter meine Beziehung zu Gott ist, desto besser wird auf einmal meine Beziehung zu mir selbst, zu meinen Freunden, meiner Familie und zu meinem ganzen Umfeld. Und das ist kein Scherz. Es ist ein Geheimnis, dem es sich echt lohnt, auf den Grund zu gehen.

Die krasseste Entdeckung dabei: Obwohl ich nichts an mir hatte, was auf Gott hätte hinwei-

sen können, haben meine Kollegen im Gummibären-Laden trotzdem gespürt, dass bei mir etwas anders ist. Rein äußerlich können sie es kaum gemerkt haben. Ich gehe gerne auf Partys und habe Spaß am Leben. Alles Sachen, die mich nicht von meinen Kollegen unterscheiden. Aber es war doch etwas anders an mir. Meinen Lebensstil, Jesus immer ähnlicher werden zu wollen und mit ihm in enger Beziehung zu leben, müssen sie wohl bemerkt haben. Denn fast alle meine Kollegen kamen im Laufe der Zeit zu mir, um mir ihre intimsten Geheimnisse, Sorgen und Ängste anzuvertrauen. Unabhängig voneinander sagten sie mir, dass sie das den anderen nicht sagen könnten, weil die es gleich weitertratschen würden. Sie wussten, ohne dass wir jemals über Kirche oder Gott gesprochen hatten, dass bei mir etwas anders war.
Im Stillen habe ich oft für sie gebetet und fand es spannend zu entdecken, wie Gott auf diese Gebete reagierte. Die Beziehung mit Gott ist für mich das Wichtigste geworden. Er kommt zuerst. Er steht über meinem Leben, ist für mich da. Zu ihm strecke ich mich aus. Er sagt als mein Gott und Daddy über mich: „Das ist Dan, mein geliebter Sohn." Gott mustert mich nicht äußerlich, er schaut mein Herz an. Beziehung mit Gott ist für mich Gebet. Beten heißt für mich, mit Gott in Beziehung zu sein. Und davon kann ich nicht genug kriegen!

Dan, 24/7prayer und tube20
www.tube20.de
www.24-7prayer-lb.de

Gebetsspaziergang allein

So simpel, wie es klingt: draußen rumlaufen und dabei beten. Weil du vermutlich grad keinen Blindenhund zur Hand hast, solltest du beim Gehen deine Augen offen halten – und das ist auch praktisch, denn dann kannst du gleich für alles beten, was dir begegnet: den runtergekommenen Fußballplatz. Eure Nachbarn. Die türkische Frau mit dem Kopftuch. Das Kind auf dem Fahrrad. Versuche, in der Zeit die Umgebung mit Gottes Augen zu sehen. Bete mit Hoffnung, dass Gott nicht überfordert ist, sondern schon ganz anderes verändert hat.
Freunde von mir haben kürzlich von der Polizei gehört, in welcher Straße in unserem Stadtteil die meiste Kriminalität passiert. Also sind sie durch diese Straße gegangen (am helllichten Tag allerdings ...), haben gebetet und sind auch vor dem Haus stehen geblieben, in dem die Polizei die meisten Einsätze hat. (Bei Sonnenschein sah das von außen gar nicht so wild aus, aber die Polizei hatte ein paar pikante Details erzählt ...) Ein paar Wochen später haben meine Freunde ein paar Jungs kennengelernt, die schließlich ein Leben mit Gott angefangen haben. Meine Freunde staunten nicht schlecht, als sie erfuhren, wo die Jungs wohnten: in genau der Straße, in der sie noch vor wenigen Wochen gebetet hatten! Christen machen weltweit spannende Erfahrungen mit Gebetsspaziergängen: Augen auf, Hirn Richtung Himmel und offen sein für Gottes Wunder!

Überraschung im Camp

Ich betete schon total lange für meine Cousine. Sie ist streng katholisch erzogen worden, wusste aber nicht wirklich was von Gottes Liebe. Als ein Camp der christlichen Pfadfinder vor der Tür stand, meinte meine Mutter: „Lade sie doch ein und fahr mit ihr zusammen dahin!" Gute Idee! Ich rief sie gleich an. Sie war sofort begeistert und meldete sich auch für die drei Wochen an. Bevor wir ankamen, hatte ich ein wenig Angst, dass sie sich mit den Mädchen aus meinem Team nicht verstehen würde. Aber schon zehn Minuten nach unserer Ankunft war diese Sorge wie weggeblasen. Wir verstanden uns alle prima und hatten eine richtig tolle Zeit miteinander.

Dann rückte der Abend des „Ratlagerfeuers" näher. Das ist ein geistlicher Höhepunkt des Camps, bei dem viele ihr Leben neu unter Gottes Schutz stellen und mit den Leitern aus ihrem Team beten. Da unser Team ziemlich groß war, hab ich mit für die Mädchen gebetet. Auch mit meiner Cousine habe ich lange gebetet. Sie war so von Gott angerührt, dass sie nur weinte.

Später kam meine Leiterin zu mir und sagte: „Hey Maria, vielen Dank für deine tolle Unterstützung heute. Übrigens habe ich gerade noch mit deiner Cousine das Übergabegebet gebetet ..." Das Gebet, um Jesus ihr Leben ganz anzuvertrauen? Ich konnte es kaum glauben. Das war echt ein Hammerereignis für mich. Eigentllich wollte sie nie etwas mit dem Glauben zu tun haben und dann hat sie sich doch für ein Leben mit Gott entschieden. Wie gut, dass ich sie eingeladen hatte, mit auf das Camp zu fahren!

Maria Schmidt

Gebetsspaziergang mit Freunden

Vereinbart einen Ort, der euch am Herzen liegt: der Park mit der Halfpipe, euer eigenes Viertel, das Shoppingcenter, die Straße, in der die Gemeinde liegt ... Bittet Gott, dass er euch zu den Dingen und Leuten führt, die er euch über den Weg schicken will. Bittet ihn um offene Herzen und Augen für seine Perspektive. Am besten geht ihr zu zweit oder dritt, das ist erfahrungsgemäß eine ganz gute Größe. Ihr könnt entweder nebeneinander hergehen und eure Gebete abwechselnd vor euch hinsagen. Oder ihr bleibt immer wieder stehen, tauscht euch kurz aus und betet zusammen. Wenn ihr mehr als zwei oder drei seid, könnt ihr zwischendurch auch ein oder zwei Treffen vereinbaren, in denen ihr Beobachtungen und Eindrücke austauscht, betet, vielleicht die Gruppen durchwürfelt und dann wieder loszieht. Wenn ihr nicht spontan startet, sondern den Spaziergang eine Weile plant, kann sich auch jemand auf Geschichte und Fakten über das Viertel vorbereiten: Was ist an den Plätzen schon passiert? Gibt es spannende Ereignisse aus der Vergangenheit? Muss die Polizei irgendwo öfter anrücken?

Am Hass gerüttelt

Donnerstag, vierte Stunde. Mein Klassenkamerad Nico schaut mich an und sagt plötzlich: „Ich hasse dich abgrundtief!" Nico ist Atheist und hat mir schon öfter gesagt, dass er mich für mein Christsein hasst. Bis dahin hatte mich das alles ziemlich wenig beeindruckt, weil sich sein Verhalten mir gegenüber nicht änderte. Doch diesmal war es anders. Er machte ernst und begann, mich total zu ignorieren. Als ich dann einige Zeit später nach einem anstrengenden Wochenende am Sonntagabend heimkam, entdeckte ich die neue *teensmag* auf dem Küchentisch. Ich begann sofort, das ganze Special zum Thema „Schule – Wie du mehr als nur überlebst" durchzulesen. Der Artikel „Mach was draus" traf mich echt: Es ging darum, nicht aufzugeben, sondern die Situation in der Schule so zu nehmen, wie sie ist, und Gott um Hilfe zu bitten, damit das Beste daraus entstehen kann.
Bevor ich mich am Montagmorgen auf den Weg zur Schule machte, dankte ich Gott für meine Schule, segnete die Lehrer und Schüler und nahm mir vor, wirklich Gott zu vertrauen, dass er was Gutes daraus macht. Einen Tag später kommt Nico zu mir, schaut mich an und sagt: „Du bist eigentlich doch ganz okay." Gebet kann Herzen verändern!

Raphi, 17

Gebetskonzert

Du brauchst: einen netten Raum (vielleicht sogar schön dekoriert) und Lieder (in Büchern, auf Folien oder im Laptop mit Beamer oder auf Pappplakaten).
Egal, ob mit Gitarre oder Band oder auch zur CD – sucht vorher Lieder aus, die direkt Gott anreden. Schön ist es, sich verschiedene Gebetsformen zu überlegen: Jeder betet leise, ihr betet zu zweit, ihr schreibt zu viert Gebete auf einen Zettel, jeweils einer betet laut in der ganzen Gruppe, ihr lest gemeinsam ein vorformuliertes Gebet ... Auch Instrumentalstücke können zwischendurch passen.
Stellt euch nun ein Programm zusammen, das durch verschiedene Themen führt. Zum Beispiel könnte der Abend durch diese vier Themen führen: Anbetung, Dank, Hören auf Gott, Freude. Sucht Bibeltexte dazu heraus. Arrangiert die Lieder, Texte und Gebetsarten zu einem schönen Ablauf. Und ladet dazu ein, dass auch spontane Gedanken und Bibeltexte vorkommen dürfen. Es geht darum, Gott zu begegnen und gesegnet zu werden, um ein Segen für andere zu werden!

Beten, wenn ...
... die Angst zupackt

Je näher wir Gott sind,
umso stiller wird es.
Und beginnt das Schweigen,
dann hört auch das Fragen auf:
Dann sind wir bei Gott.

Dionysius Areopagita

Gott will, wenn wir zu ihm beten,
nicht etwas Neues von uns hören,
sondern er möchte uns hören –
und das immer wieder aufs Neue.

Hans-Joachim Eckstein[3]

Starker Arm beim Paddeln

Ich wusste wirklich nicht mehr weiter und geriet langsam, aber sicher in unserem Kanu in Panik. Die Strömung, in die ich mit den beiden Mädchen unserer Kinderfreizeit geraten war, hatte so viel Kraft, dass wir mit aller Gewalt gegen sie

anpaddeln mussten, um nicht abgetrieben zu werden. An einer Boje in der Nähe konnten wir uns orientieren, wie weit wir vorwärts kamen: nämlich gar nicht! Keinen einzigen Meter. Als wir nach einigen Minuten immer noch an derselben Stelle waren und weder vor uns noch hinter uns ein anderes Kanu unserer Gruppe zu sehen war, hatte mich die Angst bereits im Griff. „Was soll ich nur tun?", schoss es mir pausenlos durch den Kopf. „Ich bin doch für diese Mädchen verantwortlich!"
Als ich mich kurz etwas zurücklehnte, drehte sich unser Kanu auch noch und wir wurden von der Strömung nach hinten geschleudert. Jetzt waren auch die beiden Mädchen in Panik. Dann rief plötzlich eines von ihnen: „Der Gott des Himmels wird es uns gelingen lassen!" Dieser Satz aus dem Buch Nehemia hatte uns als Motto der Kinderfreizeit die letzten Tage begleitet. Mit seinem Glauben hat Nehemia den Israeliten beim Aufbau der Stadtmauer Mut gemacht, denn die Nachbarländer wollten dieses Unterfangen verhindern. Jetzt war unser Glaube gefragt. Wir brauchten definitiv Gottes Hilfe. Also riefen wir alle drei noch einmal ganz laut: „Der Gott des Himmels wird es uns gelingen lassen!", und paddelten, was das Zeug hielt. Kurze Zeit später kamen wir total schnell voran und waren aus der Strömung wieder heraus. Der Gott des Himmels hatte es uns wirklich gelingen lassen …

Jana, 17

Vor Gott sein und die eigenen Gefühle wahrnehmen

Übe ein, still vor Gott zu sein. Ruhig auf seinem Schoß zu sitzen. Wenn wir vor Gott sind, der uns durch und durch liebt, obwohl er uns und unsere Fehler kennt, ja, der uns liebt, gerade weil er uns kennt, dann sind wir sicher. Dann können wir nicht fallen. Denn wenn wir fallen, dann nur in seine Hand, die uns hält. Die zuverlässig ist. Die immer da ist. Darum können wir in uns hineinhorchen, ohne irgendwelche Befürchtungen. Wenn da Gefühle sind, die uns Angst machen, können wir sie aushalten, weil sie uns nicht überwältigen. Wir sind geborgen. Gott kann nichts überraschen. Er kennt uns ohnehin. Er kann tiefer in uns hineinblicken, als wir selbst. Ihn schrecken unsere Gefühle nicht. Wenn wir sie aushalten, wenn wir sie erforschen, wenn wir sie kennenlernen, widerwillig, aber als etwas, das in uns ist, dann werden wir feststellen, dass wir sie überleben. Sie hauen uns nicht um. Denn wir sind gehalten. Und dann werden diese Gefühle immer weniger bedrohlich. Vielleicht werden sie immer wieder mal da sein. Aber in Gottes Hand sind wir sicher. Mit Gott zusammen können wir sie anschauen und sie werden uns nichts anhaben. Dann brauchen wir keine Angst zu haben, in unsere Tiefe zu gehen. Stille auszuhalten. Allein zu sein. Denn Gott ist da. Bei ihm bist du sicher. Und geliebt.

Pünktlich verspätet

Bevor ich zum Musikschulunterricht gegangen bin, habe ich immer um Hilfe gebetet. Ich dachte oft, dass ich nicht gut genug spiele und es Ärger mit meinem Lehrer geben würde. Meistens war ich dann nach dem Unterricht mehr als erstaunt, wie gut alles geklappt hat und wie nett mein Lehrer zu mir gewesen ist. Einmal war ich aber nicht nur auf dem Weg zum Unterricht, sondern zu einem Auftritt. Ich war spät dran und hatte vor allem Angst davor, zu spät zu kommen und meinen Lehrer wütend zu machen. Doch als ich ankam, hatte sich alles etwas verzögert. Ich war trotz meiner Verspätung noch rechtzeitig gekommen! Beruhigt konnte ich alles auspacken. Ich war sehr glücklich, dass Gott mein Gebet erhört hatte. Ich bin immer wieder froh, dass Gott für mich da ist. Wenn ich bete, bekomme ich ein Gefühl der Sicherheit und Geborgenheit, weil ich weiß, dass Gott alle meine Ängste kennt und mir helfen will.

Alessa Anneser, 14

In der Stille

Sprachlos
begann
mein Gebet;
aber wie
vielsagend
war für mich,
während wir gingen,
dein Schweigen.

Hans-Joachim Eckstein[4]

Während wir beten,
werden wir in die Liebe Gottes gezogen,
der uns unwiderstehlich
zu unserem Nächsten hinzieht.

Richard Foster

Lebensgewissheit

Diese Geschichte ist ganz schön verrückt: Vor vier Jahren war ich mit meiner Schwester für einige Wochen in einem Kurheim. Wir lernten dort ein anderes Mädchen kennen, das auch an Gott glaubte. Eines Tages bekam sie starke Bauchschmerzen und für uns sah es so aus, als hätte sie eine Blinddarmentzündung. Sie wurde mit Verdacht auf eine harmlose Magen-Darm-Grippe auf die Krankenstation verlegt. Aber wir wollten das irgendwie nicht so richtig glauben. Wir dachten, sie wäre ernsthaft krank. Als ihre Schmerzen nach einiger Zeit wieder ganz weg waren, überzeugte uns das nicht und wir steigerten uns richtig in die Vorstellung rein, dass ihr Blinddarm geplatzt wäre! Total crazy, aber wir dachten damals wirklich, sie würde sterben und keiner würde etwas dagegen tun. Denn die Angst, die wir hatten, war total real. Ich betete und betete, dass Gott sie am Leben ließe.

Und dann geschah das eigentliche Wunder: Ich hörte zwar keine Stimme, aber es war, als hätte Gott selbst zu mir gesagt: „Sie wird nicht sterben." Von da an wusste ich ganz sicher, dass sie überleben würde. Ich war voll überzeugt. Plötzlich war ich nicht mehr so schrecklich aufgewühlt, sondern bekam einen unbeschreiblichen Frieden, den ich noch nie zuvor so gespürt hatte. Das Mädchen wurde wieder gesund – sie hatte tatsächlich nur eine normale Magen-Darm-Grippe gehabt. Aber ich bin Gott immer noch sehr dankbar, dass ich so lebendig erfahren konnte, dass der Frieden, den er gibt, stärker ist als panische Angst.

Rahel

Wenn du betest, geh an einen Ort,
wo du allein bist, schließ die Tür hinter dir
und bete in der Stille zu deinem Vater.
Matthäus 6,6

Wenn du diesen Vers liest und dir vorstellst, du sollst das ausprobieren, was denkst du dann? Welche Gedanken sind dir dazu ins Hirn geschossen?

A. Du meinst, so ganz allein? Ohne jemand anderen? Mit geschlossener Tür? Und dann sollen auch noch Radio, Fernseher und Computer ruhig sein??? Ja geht's noch?!
B. Äh ... etwas mulmig, wenn ich ganz ehrlich bin. Ganz ruhig zu sein, find ich echt nicht so einfach. Ich bin dafür zu hibbelig. Und wenn ich zu lange ruhig bin, kommen so diffuse Ängste, auf die ich nicht so stehe.
C. Ruhig sein geht ja – aber was soll ich dann beten? Das kann ich maximal eine Minute. Sagen wir zwei.
D. Relax – mach ich doch schon dauernd.

Dies war kein Test mit schlauer Auswertung. Aber vielleicht helfen die Antworten dir, dich besser einzuschätzen. Egal, wie es dir geht: Die Herausforderung ist da! Da steht nicht, dass man dreieinhalb Stunden ausharren muss und auch nichts von morgens um halb sechs. Wenn du Ängste in dir merkst, ist es hilfreich, mal mit jemandem darüber zu sprechen. Jesus kann davon frei machen.

Beten, wenn ... ... du mit dir selbst nicht klar kommst

Das Unglück des Menschen beginnt damit,
dass er nicht imstande ist,
mit sich selber in einem Raum zu sein.

Blaise Pascal

Unser Herz ist auf Anbetung angelegt.
Es kann nicht anders glücklich werden.

Klaus Göttler

Geheilt, um zu helfen

Wann das ganze Dilemma eigentlich anfing, weiß ich gar nicht mehr so genau. Es waren am Anfang Kleinigkeiten. Kommentare, die sich immer wieder häuften, wie z.B.: „Du brauchst eine Kleidergröße größer." Oder: „Sitzt ziemlich eng an dir." Erst von der Hosen-Verkäuferin, dann von einer Freundin. Nach unserem Umzug in eine andere Stadt fand ich keinen Anschluss in meiner neuen Klasse. Dabei wollte ich doch so gern dazugehören! Eine Mitschülerin hatte mich besonders auf dem Kieker. Als ich merkte, dass sie die ganze Zeit über mein Gewicht lästerte, beschloss ich: „Jetzt reicht's. Ich nehme ab!" Und das, obwohl ich Normalgewicht hatte. Vom Dünnsein versprach ich mir Anerkennung und Freunde. Und genau das wollte ich. Dann ging alles ziemlich schnell: Ich fing an, viel Sport zu treiben, verbot mir bestimmte Nahrungsmittel und zählte Kalorien. Wenn ich dann doch meine Regeln brach, fühlte ich mich unglaublich schuldig – wie eine Versagerin. Das Schlimme war, dass ich nicht merkte, dass bei mir etwas nicht in Ordnung war. Nicht einmal, als ich das erste Mal erbrechen wollte, weil ich einem Stück Sahnetorte nicht hatte widerstehen können.

Erst ein halbes Jahr später dachte ich eines Abends darüber nach, was ich hier eigentlich die ganze Zeit machte: essen, kotzen, und dann wieder von vorne. Weitermachen, als wäre nichts geschehen ... Während eines Lobpreis-Gottesdienstes in meiner Gemeinde war ich dann auf einmal so von Gottes bedingungsloser Liebe berührt, dass der ganze Druck, den ich mir gemacht hatte, in mir zusammenfiel. Ich brach innerlich zusammen, ging nur noch auf die Knie und weinte. Und ich fing an zu beten. Ich gab Gott meinen ganzen Dreck und die ganze Last ab und merkte, dass er für mich da ist und mich heilen will. Am liebsten hätte ich mir natürlich eine Sofortlösung gewünscht. Ein großes, schnelles Wunder. Doch das bekam ich nicht. Dafür erlebte ich aber viele kleine: Ein paar Wochen später lernte ich eine Seelsorgerin kennen, der ich mich anvertrauen konnte. Schritt für Schritt konnte ich mich meiner Familie und meinen Freunden öffnen. Ich spürte, dass Gottes Liebe in harten Zeiten nicht nur aus Worten besteht. Er stand alles mit mir durch: alle Rückschläge, alle Tränen, alles Versagen. Gott hat mein Gebet erhört,

vielleicht nicht, wie ich es gern gehabt hätte mit der Sofortlösung, aber er hat es erhört.
Hier könnte ich eigentlich aufhören, aber Gott noch nicht. Denn er hatte noch etwas viel Größeres vor, als nur mit mir durch mein Essproblem zu gehen: Das Mädchen aus meiner Klasse, das über mein Gewicht gelästert hatte, nahm schließlich selber stark ab. Als ich sie daraufhin ansprach, fing sie an zu weinen und erzählte mir, dass sie Bulimie hat. Ich war erst mal ziemlich schockiert. Eigentlich wollte ich doch damit nichts mehr zu tun haben! Trotzdem erzählte ich ihr meine Geschichte. Hilfe lehnte sie aber strikt ab – egal, was ich versuchte. Mit einigen Freunden aus meiner Jugendgruppe betete ich dann regelmäßig für sie. Ein halbes Jahr lang geschah nichts. Bis zu dem einen Montag, an dem sie mich anrief und mir unter Tränen erklärte, dass sie gerade ihren Eltern alles erzählt hatte und nun eine Therapie anfangen wollte. Ich hätte jubeln können. Gott ist groß, und er hat die Macht, Menschen und ihre Einstellungen wirklich zu verändern.
Die kommenden Monate waren sowohl für sie als auch für mich häufig schmerzhaft. Ich kam mit meiner Kraft oft an meine Grenzen. Dennoch habe ich gemerkt, dass Gott mich mit seinen liebenden Armen auffängt. Er hatte mir versprochen, nicht zuzulassen, dass ich wieder rückfällig werde. So konnten meine Fehler und mein Versagen gebraucht werden, um einem Menschen zu helfen und ihm beizustehen. Und das alles wäre nicht möglich gewesen, wenn es nicht einen großen Gott gäbe, der Wunder tut, wenn wir beten ...

Tabita, 17

Idee für eine Gebetszeit allein

Für die Gedanken auf dieser Seite nimmst du dir am besten ein bisschen Zeit, sagen wir mindestens zehn Minuten. Verzieh dich mit deiner Lieblingsbibel in einen ruhigen Raum oder nach draußen. (Aber halt – dieses Buch ist nicht wasserfest. Nur falls es draußen gerade regnet ...) Jetzt schlag deine Bibel auf und lies Lukas 22,32. Ist nur ein einziger Vers. Vorerst. Hast du?

Krass, oder? Jesus betet für Petrus. Ziemlich abgefahren, wenn Gottes Sohn höchstpersönlich für einen betet. Da kann einem schon mal eine Gänsehaut über den Rücken laufen. Das ist nicht irgendein Pastor (wobei ich hier rein gar nix gegen Pastoren gesagt haben will!), kein King of Pop und kein Glamour-Sternchen – sondern der Sohn vom König des Universums!

Wo wir gerade dabei sind: Schlag jetzt mal Lukas 23,34 auf.

Gelesen? Oha. Da betet Jesus schon wieder für andere. War also nicht nur ein Ausrutscher. Sogar in seiner dreckigsten Stunde denkt er noch an andere Menschen. So ist Jesus. Wow. Und er denkt nicht nur an sie, er tritt höchstselbst bei seinem Vater für sie ein. Welche besseren Chancen hätte man wohl, vom Chef was zu bekommen, wenn nicht sein eigener Sohn sich dafür stark macht?

Aller guten Dinge sind drei – und jetzt kommt der beste Hammer: Lies mal Johannes 17,9. Jesus betet für Menschen, die zu ihm gehören! Jesus betet allen Ernstes für uns! Der große, einzige, heilige Sohn von

Gott betet für seine Leute, dass Gott sie in Schutz nimmt (siehe Vers 15). Stell dir mal vor, dass Jesus für dich betet: Was soll er für dich bei Gott klar machen? Wofür soll Jesus beten? Überleg mal – und sag es ihm.

Jedes Mal, wenn ich an euch denke,
danke ich meinem Gott.
Ich bete immer für euch
und tue es mit frohem Herzen.
Denn ihr habt euch vom ersten Tag an
bis heute gemeinsam mit mir
für die gute Botschaft eingesetzt.

Paulus in Philipper 1,3-5

Beten heißt: Mitten durch die Kälte und Finsternis hindurchwandern und zum Vater gehen.

Friedrich von Bodelschwingh

Traumhaft geliebt

Ich hatte Probleme: Mit mir und mit Gott. Das Schlimmste war, dass ich mich nicht mehr von Gott geliebt und angenommen fühlte. Irgendetwas stand zwischen uns und ich wusste nicht mehr weiter. Das Gefühl von Verachtung und Ungeliebtheit, das sich in mir breitgemacht hatte, war unerträglich. Ich dachte ständig: „Ich bekomme Gottes Liebe nicht, weil ich nicht gut genug bin." Deshalb bat ich Gott, dass er mir ein Zeichen gibt und das, was zwischen uns steht, beseitigt. In der nächsten Nacht hatte ich einen Traum. Ich träumte, dass ich in einem Kellerraum etwas suchte. Als ich aus einer Ecke etwas herausziehen wollte, strahlte von dort auf einmal ein helles Licht. Ich hörte, wie jemand sagte: „Du bist mein Kind. Ich liebe dich. Du bist mir wichtig und wertvoll. Ich möchte dich genauso haben, wie du bist." Dann war das Licht wieder weg. Ich wusste, dass es Gott war, der mir ein Zeichen gegeben hatte.

Jetzt bin ich nicht mehr nur ein Mädchen, dass hier auf der Erde lebt und an Jesus glauben möchte. Jetzt bin ich ein geliebtes Gotteskind, das so akzeptiert ist, wie es ist. Weil Gott mich mit meinen Fehlern, Stärken und Schwächen gemacht hat. Für mich ist es bis jetzt das Größte gewesen, Gott so zu begegnen. Ich bin ihm unglaublich dankbar.

Anika

Fremde Worte

Du weißt nicht immer, was du beten sollst? Wir müssen gar nicht immer eigene Worte finden. In der Bibel stehen schon viele Gebete. Da ist zunächst natürlich das Vaterunser (siehe Matthäus 6,9-13). Das komplette Buch der Psalmen besteht eigentlich aus Gebeten (zum Beispiel Psalm 23, Psalm 51, Psalm 103, Psalm 121, Psalm 139). Und dann gibt es noch die Worte, die Jesus gebetet hat, bevor er ans Kreuz ging (siehe Johannes 17).
Noch mehr Gebete stehen hier:

- Nehemia 9,6
- Jesaja 26
- Jeremia 14,7-9
- Daniel 4,31-32
- Matthäus 11,25
- Lukas 1,68-79
- Apostelgeschichte 4,24-30
- Epheser 1,15-19
- Epheser 3,14-21

Es hilft für den eigenen „Gebetswortschatz", diese Gebete mal nachzuschlagen. Manche muss man für sich selbst ein bisschen umformulieren – aber dann kann es eine ganz ungewohnte, aber auch coole Erfahrung sein, diese Gebete mal laut zu lesen. (Im eigenen Zimmer verschwinden oder warten, bis Eltern und kleine Schwester mal nicht da sind ...) Das schönste Gebet kannst du dir auch aufschreiben und in einem schönen Bilderrahmen auf deinen Nachttisch stellen.

Die Selbstverachtung aufgebrochen

Ein 16-jähriges Mädchen, das sich selbst völlig fremd ist, steht im Badezimmer. Die Hände sind auf das Waschbecken gestützt, während sie mit verquollenen Augen ihr Spiegelbild betrachtet. Mit gezwungener Neutralität nimmt sie das Erbrochene in ihren Mundwinkeln genauso wahr wie die Tränen, die ihr wie jeden Tag über das Gesicht laufen. Es ist nichts als Routine. Essen. Kotzen. Es funktioniert. Und ermordet die eigene Seele …

Es ist mir heute unbegreiflich, dass ich das war. Ich hatte zu diesem Zeitpunkt seit drei Jahren Jesus in meinem Leben, und ich war mir der Liebe Gottes zu mir immer bewusst gewesen. Nur selbst lieben konnte ich mich nicht. Jedesmal, wenn ich das Badezimmer betrat und mich im Spiegel betrachtete, wollte ich nur noch kotzen. Irgendwann tat ich es dann einfach. Anfangs nahm ich mein gewolltes Erbrechen auf die leichte Schulter und war felsenfest davon überzeugt, alles im Griff zu haben und jederzeit damit aufhören zu können. Nach vier Monaten erschreckte ich mich plötzlich vor mir selbst und vor dem, was ich tat. Ich beschloss, meiner Gesundheit zuliebe mit meinem gestörten Verhalten sofort aufzuhören. Es hat aber nicht mehr als nur ein paar Stunden gedauert, bis ich merkte, dass ich nicht aufhören konnte. Ich war eine Gefangene geworden. Langsam und heimlich hatte sie sich in mir eingenistet, diese Stimme, die mich antrieb und zwang, damit weiterzumachen. Jedesmal, wenn ich mich ihr zu widersetzen versuchte, ging es mir psychisch so dreckig, dass ich für den Rest des Tages nicht mehr zu gebrauchen war. Meistens lag ich heulend auf meinem Bett und verkroch mich in der Dunkelheit meiner Seele.

Mein innerer Zustand wurde immer schlimmer, während ich nach außen hin das fröhliche Mädchen war, das bei seinen Freunden als ausgeflippt und für jeden Spaß zu haben galt. Ich fühlte mich wie das einsamste Geschöpf auf Erden. Als ich irgendwann von Selbstmordgedanken geplagt war und keinen Sinn mehr in meinem Leben sah, fing ich an, zu Gott zu schreien: „Hol mich hier raus!" Doch es änderte nichts. Danach betete ich nicht mehr. Wenn Gott mir nicht helfen wollte, dann würde ich seine Hilfe auch nicht wollen. Ich sank noch tiefer. Alles geriet außer Kontrolle. Ich war total am Ende, aber nicht fähig, auch nur die geringste Hilfe anzunehmen, und schottete mich total ab. Von meiner Familie, von meinen Freunden und erst recht von Gott. Ich wollte nichts mehr von ihm wissen. Mein Leben war für mich vorbei und ich glaubte nicht daran, jemals wieder glücklich sein zu können.

Dann stand der geplante Urlaub auf der Bibelschule bevor. Wie fast jedes Jahr hatte ich mich Monate zuvor zu einer der Freizeiten angemeldet, aber zum ersten Mal sah ich dem mit negativen Gefühlen entgegen. „Was sollte ich denn da?", fragte ich mich, fuhr aber trotzdem hin. Am zweiten Tag der Freizeit saß ich mit ein paar Mädels zusammen, die gemeinsam beteten. Als ich hörte, wie sie mit Gott sprachen und ihm erzählten, was ihnen auf der Seele brannte, brach ich in Tränen aus. Vielleicht war es nicht viel, aber anscheinend gab es doch noch etwas Lebendiges in mir – und genau das rührte Gott in diesem Moment an. Nachdem ich mich jemandem anvertraut und viel nachgedacht hatte, sank ich einen Tag später alleine in meinem kleinen Zimmer auf die Knie, weil ich mit meiner Kraft am Ende war. Ich bat Gott um Vergebung für alles, was ich mir selbst angetan hatte. Und dafür, wie ich ihn beschimpft und andere behandelt hatte. Zum ersten Mal bat ich ihn von ganzem Herzen um Hilfe, denn ich verstand, dass ich es alleine nicht schaffen würde und nur er mich heilen könnte. Ich vertraute ihm von ganzem Herzen.

Dann passierte mein ganz großes Wunder: In dem Moment, in dem ich „Amen" sagte, spürte ich nicht nur seelisch, sondern auch physisch, wie eine riesengroße Last von mir abfiel. Es war unbeschreiblich. Auf einmal hatte ein strahlendes Licht den Schatten auf meiner Seele vertrieben und den ganzen Platz eingenommen. Ich war frei ... Völlig überwältigt trat ich vor einen Spiegel und ich traute meinen Augen nicht, als ich dort einen schönen und liebenswerten Menschen erblickte. Die eigene Liebe zu sich selbst mag nicht reichen, aber Gottes Liebe umso mehr. Während dieser Freizeit wurde ich oft von anderen gefragt, warum ich so ein großes Strahlen aussenden würde. Tja, Gott tut immer noch Wunder. Manchmal möchte er nur erst um eins gebeten werden ...

Lisa

Eine Gebetszeit, die dich ermutigen kann

Es hilft meist, sich gemütlich zum Beten hinzusetzen. (Wenn man allerdings müde ist und sich dann sehr gemütlich hinsetzt, wird es eine sehr stille Meditation ...) Also, mach's dir bequem, vielleicht willst du dir vorher deine lässigsten Lieblingsklamotten anziehen (ich hab für solche Gelegenheiten eine kuschelige braune Jogginghose). Danke Gott, dass er da ist.
Und dann höre auf ihn. Was meinst du, was Gott über dich sagt? Vielleicht, dass er sich freut, dass du sein Königskind bist? Er ist froh, dich so klasse gemacht zu haben. Er liebt dich ganz bis in dein Inneres. Alles von dir. Bis zu deinem Kern. Gott mag dich. Du bist sein Kind und er freut sich, wenn du bei ihm bist und er bei dir. Er liebt den Duft deiner Haare und die Farbe deiner Augen. Er lächelt, wenn er deinen ganz besonderen Gang sieht oder deine Grübchen oder wenn du deine witzigen Grimassen ziehst. Er lacht mit dir, wenn du deinen Lieblingswitz erzählst. Du bist großartig, findet Gott. Und das kannst du dir in einem ruhigen Moment in Jogginghose gern mal wieder sagen lassen.

Fröhliches Spiegelbild

Ich war mit meiner Familie im Urlaub. Alles war herrlich. Eigentlich hätte ich glücklich sein können, war es aber nicht. Warum? Irgendwie konnte ich mich nicht richtig freuen. Ich fühlte mich leer und war gegen mich selbst. Mein Äußeres gefiel mir nicht mehr, obwohl ich sonst immer sehr zufrieden gewesen war. Mein Taufspruch: „Ich danke dir, dass du mich so wunderbar geschaffen hast", den ich sonst immer so perfekt für mich ausgewählt fand, passte nicht mehr zu mir. Ich war nicht mehr dankbar dafür, wie Gott mich geschaffen hatte. Dann hab ich angefangen zu beten und Gott zu sagen, wie es mir geht. Ich habe ihn gebeten, dass er mich fröhlich macht und mich mit seiner Liebe erfüllt. Dass Gott mir hilft, mich selbst wieder mehr zu lieben und die schönen und guten Seiten an mir zu sehen. Jeden Abend. Und an einem Abend war es dann so weit. Es war auf einmal alles wieder wie sonst – besser gesagt, noch viel schöner. Ich hab mich so gut gefühlt wie lange nicht mehr und war richtig glücklich. Ich konnte wieder in den Spiegel schauen und sagen: „Mama und Papa wussten genau, warum sie diesen Vers aus den Psalmen für mich ausgewählt haben." Meine innere Leere war wie weggeblasen. Ich konnte spüren, dass Gott in meiner Nähe war und ich ihm voll und ganz vertrauen konnte. Ich bin so dankbar …

Herr, ich freue mich über alles, was du für mich getan hast, und juble vor Glück über deine Taten.

Psalm 92,5

Lena, 16

Kreatives Cremegebet

Für Fans von Hautpflege (und, ja, Jungs haben auch mal trockene Haut!). Such dir eine schöne Creme oder Lotion aus, deren Duft du magst. Und jetzt creme gaaanz langsam nacheinander Füße, Hände und Gesicht ein. Vielleicht kennst du das Kinderlied „Danke, Gott, für meine Augen, danke, dass ich sehen kann". Dann kannst du die passenden Strophen singen, wenn du die Stellen eincremst. Oder sonst danke Gott nacheinander für die Körperteile, die du eincremst:

Danke für meine Füße! Danke, dass ich tanzen, springen, laufen, schleichen kann.
Vater hilf mir, dass ich dahin gehe, wo du mich gebrauchen willst. Wo mich jemand braucht, wo ich jemanden trösten kann, wo ich Streit schlichten soll, wo ich anpacken soll.

Danke für meine Hände! Danke, dass ich anpacken, streicheln, schenken, klatschen, wärmen darf.
Vater hilf mir, dass meine Hände deine Hände sind. Dass ich mit meinen Händen deine Liebe zeige.

Danke für meinen Mund! Danke, dass ich lachen, schreien, flüstern, singen, quatschen kann.
Vater hilf mir, dass ich mit meinem Mund rede, was du möchtest. Hilf mir, mutig für etwas einzustehen, wenn es dran ist. Hilf mir, von dir zu reden, wenn jemand zuhört. Hilf mir zu schweigen, wenn es dran ist.

Danke für meine Augen! Danke, dass ich gucken kann. Hilf mir, deine Geschenke zu sehen und dankbar zu werden. Hilf mir, genau hinzugucken und offen für Menschen zu sein. Hilf mir, die Augen nicht zu verschließen, wenn Unrecht geschieht.

Beten bedeutet: mit Gott Geheimnisse haben.
Paul Deitenbeck

Beten, wenn … … dein Glaube wackelt

Worte sind Mächte, Gedanken sind Kräfte,
stärker als beide ist das Gebet!

F. Herter

Ich weiß, dass Gott lebendig ist.
Ich habe heute Morgen noch mit ihm gesprochen!

Autoaufkleber

Doppelte Antwort

Ich hab's gehört, solange ich denken kann: „Jesus nimmt unsere Sünden auf sich, wenn wir sie ihm bekennen." Immer und immer wieder. Nur wusste ich nie so recht, ob das auch wirklich so stimmt. Oder ob es auch für mich gilt. Denn bei mir hatte sich zumindest gefühlsmäßig nach meiner Entscheidung für Jesus nichts geändert. Ich hatte nicht ein erleichtertes oder befreites Gefühl. Weil ich mich aber so danach sehnte und enttäuscht war, dass ich nichts davon spüren konnte, las ich irgendwann auch nicht mehr in der Bibel und bat Jesus auch nicht mehr um Vergebung.

Doch dann hatte ich mich zu einem Teenie-Lager angemeldet. Nach ein paar Vortrags-Inputs wusste ich, dass mein Leben so nicht in Ordnung war. Ich musste mein Herz wieder von dem ganzen Dreck freikriegen, der mich von Gott trennte! Ich bat Gott um Verzeihung – und spürte wieder gar nichts. Es war zum Verzweifeln. Jeden Abend betete ich im Lager immer wieder um Vergebung und bat ihn, dass er mir doch irgendwie eine Antwort geben möge.

Als wir am letzten Abend des Lagers zusammensaßen und Lieder sangen, konnte jeder von uns einen Bibelvers ziehen, den die Mitarbeiter auf Zettel geschrieben hatten. Ich zog einen und las: „Du bist versöhnt mit Gott!" Mein Herz machte einen Sprung! Das war Antwort pur. Und dann erlebte ich es plötzlich doch: Mich überkam ein unbeschreiblich befreiendes Gefühl, auf das ich schon lange gewartet hatte! Vor der Abreise am nächsten Morgen durften wir für unseren Sitznachbarn einen Bibelspruch als Mutmacher ziehen. Als das Mädchen neben mir an der Reihe war, den Vers für mich zu ziehen und ihn mir vorzulesen, traute ich meinen Ohren nicht: „Ich habe dich je und je geliebt; darum habe ich dich zu mir gezogen aus lauter Güte" (Jeremia 31,3). Das war einfach nur genial! Ich hatte so an Gott gezweifelt, aber er gab mir trotz meiner Zweifel – oder vielleicht gerade deshalb? – gleich zweimal eine Antwort auf meine Fragen. Warten lohnt sich manchmal wirklich. Ich bin unendlich dankbar.

Sabrina, 15

Betendes Beispiel: Thérèse von Lisieux (1873-1897)

Mit 15 Jahren setzt sie sich in den Kopf, in ein Kloster einzutreten – und sie überzeugt schließlich alle: ihren Vater, die Geistlichen, sogar den Papst. Sie will heilig werden. Und ein paar Jahre später macht sie eine Entdeckung: Jesus ist der, der sie heilig macht. Sie schreibt ein Gedicht, ein Gebet:

„Auch ich möchte einen Aufzug finden, der mich zu Jesus emporhebt, denn ich bin zu klein, um die beschwerliche Treppe der Vollkommenheit hinaufzusteigen ... Der Fahrstuhl, der mich bis zum Himmel emporheben soll, deine Arme sind es, o Jesus! Dazu brauche ich nicht zu wachsen, im Gegenteil, ich muss klein bleiben, ja, mehr und mehr es werden!"

Diese Formulierung, dass sie klein bleiben muss, wurde später „der kleine Weg" genannt und Thérèse wurde ziemlich bekannt. Es geht nicht darum, etwas Außergewöhnliches zu leisten, darum kann es jeder tun. Es ist okay, nicht perfekt zu sein, klein zu sein. Wir können uns von Gott abhängig machen und ihm vertrauen.

Der Engel im Klassenzimmer

Es war alles doof – sowohl zu Hause, als auch in der Schule – und mir ging es richtig mies. Ich fühlte mich einfach ziemlich einsam. Freunde hatte ich keine, aber genau die brauchte ich wirklich. Während es für andere vielleicht selbstverständlich gewesen wäre, sich damit an Gott zu wenden, so war es das für mich überhaupt nicht. Ich war nicht christlich erzogen worden und glaubte auch nicht mehr so recht daran, dass es einen Gott gibt und dass er ausgerechnet mir zuhören würde. Aber ich wusste mir nicht mehr zu helfen – und betete, mit letzter Hoffnung: „Gott, wenn es dich doch gibt, dann hilf mir doch bitte. Schick mir einen Engel, der mich versteht, der mir zuhört und mich tröstet. Einfach jemand, der immer für mich da ist."
Ein paar Monate später kam eine neue Mitschülerin in meine Klasse. Da ich ein bisschen schüchtern bin, traute ich mich nicht gleich, mit ihr zu sprechen. Als ich einige Zeit später meinen Mut zusammengekratzt und meine Scheu überwunden hatte, kamen wir ganz einfach ins Gespräch. Lisa ist inzwischen meine beste Freundin – und sie ist Christin. Sie hat mir den Weg zu Gott gezeigt und ist immer für mich da. Durch ihren Einfluss haben sich mein Leben und mein Wesen richtig verändert. Mir war sofort klar, dass es Gott wirklich geben musste. Warum? Er hatte mein Gebet erhört! Lisa ist nämlich mein von Gott geschickter Engel …

Marie, 14

Mit mehreren beten

Nachrichtengebet

Du brauchst: einen Fernseher. Für jeden Zettel und Stift.

Trefft euch mit mehreren: bei deinen Eltern im Wohnzimmer, in Gemeinderäumen mit Fernseher oder auch in einem Café, das Nachrichten zeigt. Betet kurz, dass Gott eure Ohren und Herzen öffnet. Schaut zusammen Nachrichten. Jeder notiert sich Gebetsanliegen, die ihm oder ihr währenddessen in den Sinn kommen. Betet anschließend eure Notizen durch.

Dankbarkeit ist ein Lebensstil, der alles einschließt und bei dem Gott im Mittelpunkt steht.

Brennan Manning

Die besten Gebete bestehen mehr aus Seufzern als aus Worten.

John Bunyan

Zwei Fliegen mit einer Klappe

Im letzten Sommer war ich auf einer christlichen Freizeit in Norwegen. Mit den Mitarbeitern dort führte ich tolle Gespräche über den Glauben, sodass ich nach einigen Tagen beschloss, Jesus mein Leben in die Hand zu geben. Leichte Zweifel an seiner Existenz hatte ich aber immer noch! Deshalb bat ich Jesus, mir ein Zeichen als Beweis zu schenken, dass es ihn wirklich gibt.

Einige Tage später wurden an einem Vormittag mehrere Seminare angeboten. Ich entschied mich unter anderem, zum Heilungsseminar zu gehen. Als ich in den Raum kam, sah ich, dass schon mehrere Freizeitteilnehmer und zwei von unseren Mitarbeitern auf dem Boden knieten, ihre Hände auf eine Person in der Mitte hielten und für sie beteten. Zugegeben – ich war etwas irritiert, denn was sie da machten, kam mir doch sehr komisch vor. Und dass einer der Leiter beim Beten irgendwas von „Heiliger Geist" vor sich hinmurmelte, tat sein Übriges: Ich war verunsichert. Als ich ihm sagte, dass ich ein wenig irritiert bin, meinte er nur: „Das, was wir hier machen, haben auch Jesu Jünger in der Bibel gemacht", und drückte mir einen Zettel mit Bibelstellen als Beleg in die Hand. „Nun gut", dachte ich, „wenn das alles nach dem Vorbild der Bibel ist, kann es ja nicht so verkehrt sein", und war etwas beruhigt.

Dann beteten wir für ein Mädchen, das schon längere Zeit Schmerzen in der Schulter hatte. Alle legten ihr die Hände auf und ein paar beteten laut für sie. Eine Wirkung blieb aber leider aus. Sie hatte auch nach unseren Gebeten noch

Schmerzen. „Na ja“, dachte ich mir, „hätte mich auch gewundert, wenn sie jetzt geheilt worden wäre.“ Ich wusste natürlich, dass Gott solche Wunder tun kann. „Aber dass ich ausgerechnet dann dabei bin, wenn so etwas geschieht – eher unwahrscheinlich“.

Danach war Manuel an der Reihe, mit dem ich mich von Beginn der Freizeit an gut verstanden hatte. Er erzählte, dass er in der Grundschule im Sportunterricht beim Versuch, einen Salto zu machen, auf den Rücken gefallen war und seitdem Schmerzen in der Wirbelsäule hatte und nicht mehr gerade sitzen konnte, weil ihm das sonst wehtat. Wir sollten natürlich für ihn beten. Also legten wir ihm alle die Hände auf und fingen an, Gott um Heilung zu bitten. Nachdem einer der Mitarbeiter sein Gebet gesprochen hatte, spürte ich plötzlich ein Zucken in Manuels Rücken, sodass meine Hand richtig mitgezogen wurde. Aber ich dachte mir erst mal nichts dabei. Als wir unsere Gebete beendet hatten, sagte Manuel: „Die Wirbelsäule tut nicht mehr weh.“ Er setzte sich gerade hin, um zu prüfen, ob das wieder ging. Aber auch das bereitete ihm tatsächlich keine Schmerzen mehr.

Ich war trotzdem immer noch nicht richtig überzeugt. Ich wusste schließlich, dass Schmerzen auch durch Einbildung kurzzeitig verschwinden können. Als Manuel aber am Abend sagte, dass seine Wirbelsäule nach wie vor nicht mehr schmerzte, sickerte die ganze Wahrheit erst langsam zu mir durch: Was für ein großes Wunder – Jesus hatte tatsächlich die Wirbelsäule geheilt. Es gab dafür keine medizinische Erklärung. Gott hatte gehandelt. Und ich war dabei gewesen!

Gerade ich, der an Jesus vorher noch gezweifelt und um ein Zeichen seiner Existenz gebeten hatte …
Mir wurde bewusst, wie genial Gott eingegriffen hatte: Er erhörte mein Gebet gleich doppelt. Er bewies mir persönlich endgültig seine Existenz und befreite gleichzeitig Manuel von jahrelangen Schmerzen. Einfach genial. Und übrigens: Ich habe mich vor Kurzem noch einmal bei Manuel erkundigt. Ihm und seiner Wirbelsäule geht es nach wie vor bestens.

Philipp Silber, 16

Wir bitten um Silber, und er will uns Gold geben.
Martin Luther

Wer lernen will zu beten,
der braucht eine Gewohnheit des Betens.
Richard Foster

Ideen, um mit mehreren zu beten

Stille Post an Gott

Du brauchst: für jeden einen großen Zettel und einen Stift.

Jeder schreibt ein Anliegen auf seinen Zettel und alle geben gleichzeitig ihren Zettel an den rechten Nachbarn weiter. Der betet kurz still für das Anliegen, schreibt ein weiteres dazu und gibt den Zettel wieder weiter.

Danktapete

Du brauchst: eine Tapetenrolle und für jeden einen dicken Filzstift.

Jede und jeder schreibt auf, wofür er oder sie Gott gerade superdankbar ist. Das kannst du fast überall machen: mit deinen Freunden zu Hause in deinem Zimmer, mit der ganzen Gemeinde im Gottesdienst. Oder ganz besonders cool ist das draußen: oben auf einem Berg, wenn man über die Landschaft blicken kann, oder an einem Seeufer.

SMS von oben

Über ein Jahr lang schob ich eine ziemlich heftige Glaubenskrise. In meiner Beziehung zu Gott passierte einfach nichts mehr und mir kam diese ganze Gott-Geschichte schon sehr seltsam vor. In dieser Zeit las ich dann einmal von jemandem, der eine SMS bekommen hatte, die für ihn eine Gebetserhörung war. Das packte mich total – ich wollte so etwas unbedingt auch erleben! Also sagte ich zu Gott: „Kannst du mir einen Grund nennen, warum ich an dich glauben soll und mich weiter mit dir beschäftigen soll? Wenn ja, dann gib mir bitte Bescheid – und zwar am liebsten per SMS."

Nach diesem Gebet verging ein halbes Jahr. Jedesmal, wenn ich eine SMS bekam, hoffte ich insgeheim, es sei die Antwort. Vor ein paar Tagen bekam ich wieder eine SMS. „Guck mal in den 1. Johannesbrief. Der ist voll von Wahrheiten", las ich. Also schlug ich die angegebene Textstelle in der Bibel auf. Und was dort stand, berührte mich so tief, dass ich nur noch weinen konnte. Alles, was ich las, war eine Antwort auf die Fragen, die mich so beschäftigt hatten! Gott hatte mir tatsächlich über die SMS eines Bekannten geantwortet. Seit diesem Tag habe ich eine unbeschreibliche Freude über Gott in mir.

Manuela, 16

Eingeigelt und doch umarmt

Es war ein ganz normaler Freitagabend. Unnormal war nur, dass ich müde war. Ich fühlte mich leer und ausgelaugt und hatte eigentlich gar keine Lust auf den Jugendgottesdienst, der an diesem Abend stattfand. Ich ging trotzdem. Meine Gründe dafür waren wenig christlich: Ich hatte einfach keine Lust, auf die Frage von meinen Freundinnen zu antworten, warum ich denn nicht mitkommen wolle. Die Antwort hätte einfach nicht in das Idealbild von mir selber als Christin gepasst: immer voll Vertrauen auf Gott und mit Freude am Leben. Ich wollte weder mir selber noch irgendjemandem sonst eingestehen, dass die Wirklichkeit jetzt ganz anders aussah. Also ging ich mit.

Während des Gottesdienstes rief der Prediger zu kleinen Gebetsgemeinschaften auf. Ich verzog mich mit zwei Freundinnen in eine Ecke und fing einfach an zu erzählen, wie es mir gerade ging und dass ich ursprünglich gar nicht in den Gottesdienst wollte. Und tat damit genau das, was ich eigentlich nicht hatte tun wollen. Doch anstatt mich schräg anzugucken oder den Kopf zu schütteln, haben sie mich verstanden. Und auch wenn sie es nicht direkt gesagt haben, habe ich doch gemerkt, dass es ihnen schon oft ähnlich ging. Wir haben anschließend füreinander gebetet, was mir sehr gut getan hat: Ich spürte, dass Gott mich liebt – so wie ich bin, und egal, wie ich mich fühle – und dass er mir seine Liebe auch durch meine Freundinnen zeigt.

Angelika Alsdorf, 17

Das Gebet des Augenblicks

Nimm dir ein wenig Zeit. Komm runter. Komm zur Ruhe. Durchdenke den Tag, deine Woche.

- Vergangenheit: Besinne dich kurz darauf, was war. Heute. Gestern. Wichtige Momente der letzten Woche. Sie sind geschehen. Sag Ja zu ihnen. Was kannst du aus ihnen lernen? Wofür willst du Gott danken? Was war bedrückend und was willst du Gott in seine Hand zurücklegen?
- Zukunft: Denke an das, was sein wird. Am Abend. Morgen. In den nächsten Tagen. Gib Gott bewusst das, was kommen wird. Sag ihm, wo du Fragen hast. Wo Dinge für dich offen sind. Wo dich etwas umtreibt und bedrückt. Lass es los und vertraue Gott darin.
- Gegenwart: Heute. Jetzt. Jetzt ist die Zeit, in der du lebst. Jetzt ist der Moment, in dem Gott dir begegnen will. Darum ist jetzt die wichtigste Zeit von den dreien. Dieser Moment ist ein Geschenk von Gott. In diesem Augenblick will Gott dir begegnen und mit dir zusammen sein. Das ist gar nicht leicht. Wer das kann, hat viel gelernt, was Beten angeht. Unsere Gedanken schweifen ab, wir fühlen uns unruhig, Befürchtungen kommen hoch. Kein Zwang, kein Druck. Schenke Gott ein Lächeln. Freue dich über einen schönen Gedanken. Kehre immer wieder zu Gott zurück. Und freue dich, wenn du einen Moment – nur einen Schmetterlingsflügelschlagmoment! – mit Gott verbracht hast. Dann hat die Zeit sich gelohnt.

Beten, wenn ... ... keiner da ist der dich tröstet

Sag Gott einfach „Hallo"
und du kannst sicher sein,
dass er sich unglaublich freut,
deine Stimme zu hören.
Bill Hybels

Unsere Gebete müssen gar nicht durch
die Zimmerdecke gehen. Gott ist darunter!
Richard Foster

Sturmstiller

Ich saß traurig in meinem Zimmer. Schon wieder eine Sechs in Mathe! Meine Eltern waren sauer und ich fühlte mich mal wieder wie die größte Versagerin aller Zeiten. Meine Freunde hatten alle so gute Noten, nur ich hatte wieder alles vermasselt. Ich fühlte mich so ungeliebt und alleingelassen und dachte: „Ich enttäusche doch immer nur alle. Für was lebe ich überhaupt?"

Alles erschien mir so sinnlos. Ich legte mich auf mein Bett und fing an zu weinen. Dann fiel mein Blick auf meine Bibel, die unter dem Bett hervorlugte. Ich hatte schon sehr lange nicht mehr darin gelesen – und das letzte Mal, dass ich richtig mit Gott geredet hatte, lag auch schon einige Zeit zurück. Also packte ich das Buch und blätterte drin rum. Ich blieb bei der Geschichte in Markus 4,35-41 hängen: Jesus und seine Jünger wollten in einem Boot zum anderen Ufer fahren. Als sie schon weit auf dem See waren, brach ein gewaltiger Sturm los und hohe Wellen schlugen ins Boot. Die Jünger hatten panische Angst, während Jesus in einer Ecke lag und schlief. Die Jünger rüttelten ihn wach und fragten ihn, ob er denn nicht merke, dass sie untergehen würden. Da stand Jesus auf und rief über den See: „Sei still und schweig!" Da legte sich der Sturm und alles wurde ganz still. „Warum hattet ihr solche Angst?", fragte Jesus seine Jünger. „Habt ihr denn gar kein Vertrauen zu mir?"
Als ich ein bisschen darüber nachdachte, wurde mir bewusst, was mir das Ganze zu sagen hatte: Ich bin ja gar nicht allein und ungeliebt! Jesus liebt mich und hält immer zu mir, auch wenn ich es gerade nicht spüre und denke, dass Jesus schläft! Als diese Erkenntnis zu mir durchsickerte, freute ich mich riesig und fing an zu tanzen und zu singen. Ich spürte Gott und die Kraft, die er mir gab. Es war ein wunderbares Gefühl von Geborgenheit und Zuversicht! Seitdem wende ich mich mit meinen Problemen immer an ihn, denn er passt auf mich auf und zeigt mir den richtigen Weg, um sie zu lösen.

Sarah

Gebetsgesten

Komisch: Händefalten kommt in der Bibel nicht vor! Dabei lernt bei uns schon jede Dreijährige, dass sie zum Gebet die Patschhändchen falten soll. Manche Christen heben beim Gebet oder bei der Anbetung die Hände in die Höhe. Das ähnelt nicht zufällig dem Bankräuberspruch: „Hände hoch!" Glaubst du nicht? Räuber wollen, dass der andere sich nicht wehren kann, dass er schutzlos ist. So etwas Ähnliches sagen wir auch – allerdings freiwillig! – wenn wir Gott die Arme entgegenstrecken: Herr, ich gebe mich dir hin, ich liefere mich dir aus. Ich verteidige mich nicht, sondern ich vertraue dir.
Die Bibel wurde auf Griechisch geschrieben und das griechische Wort „proskuneo", das wir mit „anbeten" übersetzen, bedeutet wörtlich eigentlich „niederfallen". Griechen dachten dabei etwa an Soldaten, die vor dem Kaiser niederknieten. Sie drückten damit aus, dass der Kaiser mehr Bedeutung hat als sie, dass sie ihm mehr gehorchen als anderen. Darum beten heute manche, zum Beispiel vor dem Schlafengehen oder in der Kirche, auf den Knien.
Probiere mal eigene Gesten und Körperhaltungen aus: Lege dich flach auf die Erde mit dem Gesicht auf den Boden. Setze dich locker auf einen Stuhl, den Rücken gerade, den Kopf gesenkt. Du wirst merken, dass unterschiedliche Körperhaltungen sich unterschiedlich anfühlen und auch Unterschiedliches in dir auslösen. Finde die Haltungen, die zu dir und zu den jeweiligen Situationen passen.

Unbeschreiblich nah

Der Tag meiner Aufnahme in der Klinik für Essgestörte war ein Montag. Nach einem Vorstellungsgespräch und der Diagnose „Magersucht" wusste ich seit einer Woche, dass ich mich die kommenden Monate gegen eine Krankheit behandeln lassen musste, die ich selber nicht als solche wahrnahm. Erst als ich alleine in meinem Krankenzimmer lag, in dem ich durch unzählige Kabel an einen Monitor angeschlossen war, der mein Herz überwachte, und von dem hohen Krankenhausbett aus durch verschlossene Fenster in die Dämmerung des Abends hinausstarrte, wurde mir schlagartig meine Situation mit ihrer ganzen grausamen Wirklichkeit bewusst: Ich war alleine, umgeben von Fremden, meine Eltern viele Kilometer entfernt, begrenzte Besuchszeiten an wenigen Tagen in der Woche, das Telefon draußen auf dem Flur und nur für zehn Minuten täglich freigegeben. Abgeschnitten von der Außenwelt. Meiner Welt.

Und so sollte es lange sein. So lange, bis ich zehn volle Kilogramm mehr wog. Ich musste mich meinem Behandlungsplan mit Bettruhezeiten unterordnen und fühlte mich entsetzlich ausgeliefert und verlassen. Niemals in meinem Leben hatte mir so sehr jemand gefehlt, der mich tröstend in die Arme nahm. Ich wollte hier raus – und zwar so bald wie möglich, egal was Therapeuten und Schwestern sagten.

Vom Kopf her wusste ich zwar, dass Gott da war, aber ich konnte keine beruhigende Hand auf meiner Schulter spüren. Mein Beten schien furchtbar aussichtslos im Gegensatz zu den

…schwarzen und bedrohlichen Buchsta-
…f dem Behandlungsplan. Mir fiel der Titel …uches *Wenn Teens beten … tut Gott Wun-*…in. Das klang tröstend: Wunder. Aber wie …e er all das überhaupt zulassen können? Es war auch kein Wunder passiert, als ich gebetet hatte, dass ich von dem Klinikaufenthalt verschont bliebe. Gott hatte mir nicht geholfen – wieso sollte er es jetzt tun? Ich dachte immer wieder an die Worte, die Jesus am Kreuz gerufen hatte: „Mein Gott, mein Gott, warum hast du mich verlassen?" Immer wieder dieser Satz. Verlassen. Nun, dann musste ich es eben ertragen. Dachte ich.

Um mich irgendwie abzulenken, öffnete ich den Brief einer Klassenkameradin, den sie mir mitgegeben hatte. Mir fielen lauter kleine Papierröllchen entgegen, die alle mit einem rosa Band umwickelt waren. Ich entrollte das erste und spürte plötzlich genau in dem Augenblick, als ich las, was da stand, dass Gott wirklich bei mir war. „Bring deine Sorgen vor den Herrn, er wird dir helfen. Er wird nicht zulassen, dass der Gottesfürchtige stürzt und fällt" (Psalm 55,23). Das stand auf dem Zettel in meinen Händen, in denselben schwarzen, wirklichen Buchstaben wie auf dem Behandlungsplan. Gott war bei mir, und meine Not war ihm genauso wichtig wie die von jedem einzelnen Menschen auf dieser Erde. Ich rollte auch die anderen Zettel auf, einen nach dem anderen. „Der Herr ist mein Fels, meine Burg und mein Retter; mein Gott ist meine Zuflucht, bei dem ich Schutz suche. Er ist mein Schild, die Stärke meines Heils und meine Festung!" (Psalm 18,3). – „Wenn du durch Wasser gehst, werde ich bei dir sein. Ströme sollen dich nicht überfluten! Wenn du durch Feuer gehst, wirst du nicht verbrennen; die Flammen werden dich nicht verzehren!" (Jesaja 43,2). – „Ich freue mich über deine Gnade, denn du hast mein Elend gesehen, und meine Angst ist dir nicht gleichgültig" (Psalm 31,8). – „Durch die mächtige Kraft, die in uns wirkt, kann Gott unendlich viel mehr tun, als wir je bitten oder auch nur hoffen würden" (Epheser 3,20). – „Der Herr spricht zu mir: ‚Ich will dir den Weg zeigen, den du gehen sollst. Ich will dir raten und dich behüten'" (Psalm 32,8). – „Sei stark und tapfer, hab keine Angst und verlier niemals den Mut!" (1. Chronik 22,13). Zuletzt las ich etwas aus meinem Taufpsalm: „Wenn er zu mir ruft, will ich antworten. Ich will ihm in der Not beistehen und ihn retten und zu Ehren bringen" (Psalm 91,15).

Ich hatte geglaubt, dass meine Gebete ins Leere gegangen waren und Gott mich verlassen hatte. Aber das Gegenteil war der Fall. Es war die größte Erfahrung von Nähe, die ich jemals mit Gott gemacht habe. Für mich als Tochter eines Pastors war er immer selbstverständlich da gewesen, aber jetzt entdeckte ich intensiv meine ganz eigene, persönliche Beziehung zu ihm. Ich konnte ihm wirklich blind vertrauen. Er hatte das Richtige getan und würde es immer tun. Auch wenn ich die Verse nun alle kannte, las ich jeden Morgen einen noch mal neu. Und jeden Morgen spürte ich, wie Gott mir Kraft gab – auch durch die täglichen Losungen und den Krankenhausgottesdienst, den ich mit einer anderen Patientin besuchte. In dem kleinen Gottesdienstraum entzündete ich eine Kerze auf dem schwarzen

Ständer neben dem provisorischen Altar: eine Bitte, dass ich Ostern schon zu Hause sein würde! Ich war es tatsächlich – obwohl noch vier Kilo zu meinem Endgewicht fehlten ...
Ich hatte das Gefühl, durch ein tiefes, schwarzes Tal gegangen zu sein, aber mit Gott als Licht an meiner Seite. Es war die schrecklichste Zeit meines Lebens, aber Gott hat mir immer wieder Schönes geschenkt: neue Freundschaften, viele Eindrücke und vor allem die Erfahrung, dass er wirklich da ist!

Carlotta Voß, 14

Beten heißt: Gott den Sack vor die Füße werfen.

Martin Luther

Idee für eine Gebetszeit allein: Gottes Flamme in dir brennen lassen

Ich lebe,
aber nicht mehr ich selbst,
sondern Christus lebt in mir.
Galater 2,20

Seit du Gott in dein Leben gelassen hast, lebt der Heilige Geist in deinem Inneren. Der, den Jesus als seinen Stellvertreter zu uns geschickt hat, als er selbst gegangen ist. An ihn erinnert diese Gebetszeit.
Zünde dir für deinen Stillemoment eine Kerze an.
Schaue dir die flackernde Flamme an und erinnere dich, dass der Heilige Geist wie Feuerzungen auf die Menschen gekommen ist (siehe Apostelgeschichte 2,3).
Erinnere dich daran, dass der Heilige Geist in dir Gutes wirkt: Liebe, Freude, Frieden, Geduld, Freundlichkeit, Güte, Treue, Bescheidenheit und Selbstbeherrschung (siehe Galater 5,22).
Danke Gott, dass er in dir lebt, dass er mit dir geht, dass er in dir sein Licht anzünden will.

…öwe, ein Fisch und eine …rklärung

… rollten die Wellen in die Bucht und …n spritzend an die Felsen, über die ich gerade kletterte. Es war ein lauer Sommerabend und ich ging am Meer spazieren, um ungestört nachdenken und beten zu können. Während ich in den Himmel schaute, der sich rosarot zu färben begann, erzählte ich Gott meine Sorgen wegen aller möglichen Dinge, die in nächster Zeit auf mich zukommen würden: Stress in der Schule, Aufgaben in der Gemeinde, Termine im Verein, Probleme mit meinen Freunden. Wie so oft fühlte ich mich, als stünde ich vor einem riesengroßen Berg voller Erwartungen, die wie eine schwere Last auf meine Schultern drückten. Und dieser Berg von Erwartungen schien unbezwingbar. Mein Herz sehnte sich danach, einmal wieder Kind sein zu können und sich um nichts kümmern zu brauchen. „Herr, wie soll ich das alles nur schaffen?“, seufzte ich innerlich und setzte mich auf einen Stein. Ich grübelte über den verschiedenen Möglichkeiten, alles unter einen Hut zu bringen.

Die Wellen, die normalerweise eine beruhigende Wirkung auf mich hatten, konnten meine aufgewühlte Seele in diesem Moment nicht zur Ruhe bringen. Da wurden meine Gedanken plötzlich von einer Möwe unterbrochen, die hinter einem Felsen hervorlugte. „Hallo“ schien sie zu sagen, als sie hinter dem Stein hervortappte. „Gott, willst du mir damit zeigen, dass du mich liebst?“ fragte ich und war fast ein wenig amüsiert. „Süße Idee“, dachte ich, „wo ich doch Vögel so gern mag". Aber ich fühlte mich eher wie jemand, der zu Weihnachten eine leere Schuhschachtel geschenkt bekam und sich nun darüber freuen sollte. Weil die Möwe mich aber immer noch herausfordernd anblickte, beobachtete ich neugierig, wie sie im Wasser nach kleinen Krebsen suchte und sie fraß. Plötzlich erhob sie sich knapp einen halben Meter übers Wasser, stand kurz flatternd in der Luft und schoss dann blitzschnell hinunter. Ein knallroter Fisch war in ihrem Schnabel, als sie wieder auftauchte.

In diesem Moment wurde mir klar, dass dieses Szenario schon Gottes Antwort auf meine Fragen war. Ich wusste, was Gott mir durch diesen Vogel erklären wollte. Im Matthäusevangelium Kapitel 6 hat Jesus schon einmal durch Vögel gesprochen, als er hörte, wie sich die Leute um ihn herum sorgten. Er sagte: „Schaut euch die Vögel dort oben an. Der Vater im Himmel versorgt sie mit allem, was sie brauchen. Ihr seid noch viel, viel wertvoller in Gottes Augen als ein Vogel. Könnt ihr da nicht vertrauen, dass er sich auch um euch kümmert?" Als ich diese Worte in meinem Herzen hörte, erhob sich die Möwe und flog davon. Sie war ein Botschafter Gottes gewesen, um mich daran zu erinnern, dass Gott mein Versorger ist. „Danke", betete ich und staunte über den Frieden, der auf einmal in mein Herz einzog. Wann immer ich mir nun Sorgen mache, denke ich an die Möwe, die den Fisch fraß. Gott kümmert sich auch um dich!

Tabea Halbmeyer, 18

du.bist.wertvoll.

Du bist wertvoll – und zwar nicht wegen dem, was du leistest, was du schaffst, wo du erfolgreich bist. Weder zu Hause noch in der Schule noch in deinem Glauben. Sondern du bist einfach von Gott geliebt, weil du über die Erde springst. Einfach so. Weil er keinen Fehler gemacht hat, als er sich deine Nase und deine Augenfarbe und deine Größe und deine Persönlichkeit ausgedacht hat. Gott wollte das so – und das war ziemlich gut!

Darum können wir uns Zeiten gönnen, in denen wir einfach vor Gott sind. Wenn wir barfuß über eine Gänseblümchenwiese oder eine Autobahnbrücke laufen, können wir uns vorstellen, dass Gott zuguckt und sich freut und wir atmen tief den Wiesenduft oder winken den Autofahrern und freuen uns, dass Gott uns mitten in seine bunte Welt gesetzt hat. Auch das ist Gebet. Weil wir uns erinnern, dass Gott da ist. Weil wir in unserem Kern, in unserem Inneren, unsere Sehnsucht, unsere Freude von Gott berühren lassen.

Schon der Wunsch zu beten ist ein Gebet.

Georges Bernanos

Wenn Scherben Gnade bringen

Der Schmerz der Seele begann damit, dass ich mich körperlich nicht fit fühlte. Ich wurde immer wieder krank. Irgendwann reichte dieses Ventil nicht mehr, und ich begann, ein eher weniger gesellschaftsfähiges Verhalten an mir zu bemerken: Ich wurde traurig, hatte keinen Appetit mehr und zog mich zurück – was soweit ja auch alles normal ist, schließlich hat jeder Phasen in seinem Leben, in denen es einem nicht gut geht und man Zeit für sich braucht. Wirklich gravierend wurde es, als ich durch den Schmerz der Seele den kompletten Bezug zum Leben draußen verlor. Die Traurigkeit war nicht mehr nur vorübergehend. Sie blieb. Aus der Appetitlosigkeit wurde Hungern und statt gelegentlichen Rückzugs nabelte ich mich komplett von jeder Beziehung ab.

Ich wusste nicht, woher dieser Schmerz kam. Ich bekämpfte meine Probleme, indem ich mich zurückzog, weil ich das Gefühl hatte, nicht einmal von meinen besten Freunden verstanden zu werden. Ich habe mein inneres Gefühlsleben komplett mit mir allein ausgemacht. Zunächst war da einfach eine körperliche Schwäche, die mich zwei- bis dreimal im Jahr ans Bett fesselte. Aber während einer langwierigen Mandelentzündung kam das Befinden meiner Seele zutage: Erst war da nur die Trauer, die nicht definierbare Trauer. Dann spürte ich mehr und mehr den unerträglich großen Schmerz in meiner Seele.

Inmitten festlicher Weihnachtsstimmung begann ich, ihm schließlich nachzugeben: Nur ein ganz kleiner, roter Strich, irgendwo auf meinen Armen. Das Blut quoll hervor. Die Erleichterung, die ich

spürte, war erlösend, magisch, beruhigend und befreiend. In diesem Moment, kurz vor meinem 15. Geburtstag, war nichts wichtiger als das, als dieser erlösende, befreiende Strich auf meinem Arm.
Damals und in den Wochen danach wusste ich nicht, was dieser Moment für mein Leben zu bedeuten hatte. Schließlich war es in meinem Freundeskreis fast normal. Jeder kannte einen, der es tat und öffentlich zur Schau stellte. Es war cool, sich und auch anderen zu zeigen, was man konnte und sich traute. Und tatsächlich, der Schmerz blieb für einige Zeit fern. Die Zeit verging und der Schmerz kam wieder. Ich wusste, was zu tun war. Ein kurzer Schnitt in die Haut – mehr nicht! Diesmal verging nicht wieder eine längere Zeit, bis der Schmerz zurückkehrte, diesmal vergingen nur Tage. Und je mehr ich ihm nachgab, desto kürzer wurden die Zeiten zwischen den Schnitten. Bis er sich täglich zeigte und immer größer und mächtiger wurde. Ich machte nervlich schlapp. Vertraute mich schließlich einer Klassenkameradin und einem Lehrer an. Es hatte ohnehin schon Fragen gegeben, was meinen Arm anging. Dann wurde auch meiner Familie bewusst, was mit mir los war.
Aber ich wollte mich auf keinen Fall in eine psychiatrische Klinik einweisen lassen! Ich wollte, dass mir geholfen wurde. Irgendwie wusste ich, dass ich krank war. Aber mit weiteren Kranken in einer von der Außenwelt abgeschiedenen Welt leben, in der sich alles nur um die Krankheit dreht? Ohne mich. Ich konnte eine ambulante Therapie machen.
Aber es wurde nicht besser. Im Gegenteil. Und es ist auch normal, dass es einem zu Beginn einer Therapie erst mal schlechter geht. Allerdings ist es auch normal, dass man sich nach mehreren Sitzungen wie-

der fängt. Ich nicht. Meine Seele machte endgültig schlapp. Die Depressionen waren nicht mehr mit Selbstverletzung zu unterdrücken. Sie waren ständig da. An normalen Alltag war nicht zu denken. Ich konnte keinen Schultag durchhalten, war wochenlang krank, musste starke Beruhigungsmittel nehmen und kämpfte jeden Tag mit dem Leben. Ich versuchte, mich umzubringen. Dem Schmerz entfliehen! Das wollte ich. Dass ich dabei sterben würde, habe ich billigend in Kauf genommen. Ich sehnte mich nach der Leichtigkeit, die ich zu Beginn des Selbstverletzens gespürt hatte. Ich wollte schweben, einfach schweben und den ganzen Schmerz vergessen. Aber mein Körper wehrte sich. Ich kam kein einziges Mal ins Krankenhaus. Es bemerkte nie auch nur jemand meine Versuche. Dann kam eine Ess-Brech-Sucht dazu. Noch mehr Selbstverstümmelung. Ich wusste nicht, wie es je besser werden konnte.
Über verschiedenste Foren lernte ich Leute kennen, durch die ich in eine Szene voller dunkler Kunst und Gedanken fand, in der Leid und Trauer und der Tod des eigenen Körpers auf der Tagesordnung standen. Dort fühlte ich mich einigermaßen wohl. Sie waren mir näher als alte Freunde aus Konfirmandenzeiten. Aber richtig verstanden fühlte ich mich nicht. Ich versuchte immer wieder, von meiner Selbstverletzung loszukommen. Habe mich selbst auf einen Entzug eingestellt. Erst alleine, dann unter ärztlicher Aufsicht. Aber keinen Versuch hielt ich länger als zwei Tage durch. Ich erlitt Entzugserscheinungen, wie Drogensüchtige sie beschreiben: Fieber, Magenschmerzen, Übelkeit …
Auf der christlichen Privatschule, in der ich mehr fehlte, als am Unterricht teilnahm, lernte ich einen

Jugendpastor aus einer nahe gelegenen Gemeinde kennen. In mehreren Gesprächen versuchte er, mein Interesse auf Gott zu lenken. Damals war ich froh, dass ich mit jemandem sprechen konnte, der real war. Andererseits wurde mir das Gerede von Gott immer lästiger, bis ich bei diesem Thema komplett abblockte und froh war, dass er auf mich einging und Gott nach hinten schob.

Diese Gespräche zeigten mir, dass ich etwas tun musste. Hoffnung begann wieder in mir aufzukeimen, der Glaube an mich selbst, dass ich es schaffen könnte. Ich meldete mich in einer psychosomatischen Klinik an. Und noch bevor ich die Therapie begann, passierte etwas, das ich nie zu träumen gewagt hätte. Als mir wieder einmal alles zu viel wurde und ich nach dem Sinn meines selbstzerstörerischen Lebenswandels fragte, fing ich an zu beten.

Ich betete um Befreiung vom zwanghaften Selbstverletzen. Es konnte doch nicht sein, dass es für immer zu meinem Leben gehören würde, mir die Arme und Beine bis auf die Knochen zu zerschneiden! Ich wollte nur noch, dass es irgendwie weiterging. Es war mir egal, in welche Richtung ich mich bewegte. Ich wollte nur nicht weiter festsitzen.

Ich hatte die Klinge in der Hand und fing an, Gott nach seiner Existenz zu fragen. Plötzlich spürte ich, wie mein Arm mit der Klinge schwerer wurde. Es gelang mir einfach nicht mehr, das Übliche zu tun! Die Angst, es könnte mir schlechter gehen, wenn ich es jetzt nicht tat, war kaum da. Nach wenigen Tagen hörte diese Angst sogar ganz auf! Der jahrelange Kampf mit der Klinge nahm ein Ende. Ohne Entzugserscheinungen. So oft hatte ich versucht aufzuhören, und dann, an diesem Sommerabend,

sprach ich ein kleines Gebet und kaum später hörte das, was mich mehr als anderthalb Jahre gequält hatte, einfach auf! Ich war frei. Frei von der Klinge und frei von den allabendlichen Ritualen!
Ich betete auch um die Heilung der Essstörung. Wenige Tage danach fing meine stationäre Behandlung an. Aber sie dauerte nur kurz. Ich wurde noch als zu selbstmordgefährdet eingeschätzt. Die Ärzte legten mir nahe, mich in einer Psychiatrie weiterbehandeln zu lassen. Also verließ ich die Klinik und begab mich auf die Suche nach einer neuen geeigneten Klinik. Aber ich konnte mich für keine entscheiden und versuchte, zu Hause dem Heil meiner Seele auf die Sprünge zu helfen. Ich versuchte seltsame Therapien und weiße Magie.
Zwei Jahre nach dem ersten Schnitt in die Unterarme begann ich, zur Jugendgruppe der Gemeinde zu gehen, deren Jugendpastor ich kennengelernt hatte. Nach einigem Auf und Ab legte ich mein Leben in Gottes Hände und ließ mich taufen. Es wurde nicht sofort alles heil. Noch lange hatte ich keine Ahnung, wie ich den nächsten Tag überstehe. Aber Gott blieb an mir dran. Er zeigte mir immer wieder, dass es richtig ist, durch diese Tiefe hindurchzugehen. Und mittlerweile geht es mir endlich besser. Ich führe ein Leben, das ich noch vor wenigen Monaten nicht für möglich gehalten hätte.
Ich kann planen. Und träumen. Und meine Träume haben ein Fundament und ich darf beten, dass sich die Träume und Pläne in meinem Leben erfüllen. Es ist Gnade, nach so vielen Tiefen strahlen zu dürfen und zu wissen, dass jedes Tief immer etwas Positives mit sich bringt. Denn nur so dürfen wir das erleben, was wir Freude und Weisheit nennen.

Laura

Beten, wenn ... ... Gott dir etwas zeigen will

Wenn Gott Nein sagt,
hat er etwas Besseres mit uns vor.
Ronald Dunn

Gebet besteht nicht in dem Bemühen,
Gott zu erreichen, sondern darin,
unsere Augen zu öffnen und zu erkennen,
dass wir schon bei ihm sind.
Thomas Merton

Mehr als ein Kickersieg

Bei uns findet einmal im Jahr ein Kickerturnier statt. Diesmal war ich mit einer Freundin angemeldet. Das erste Spiel konnten wir gewinnen, aber das zweite Spiel verloren wir ganz knapp mit zwei Toren. „Jetzt muss ein Sieg her“, schoss es mir durch den Kopf, „damit wir im Turnier bleiben können.“ Das schien uns allerdings bei den starken Gegnern unerreichbar. Vor dem nächsten

Spiel wurde mir klar, dass ich zum Weiterkommen Gottes Hilfe brauchte. Also begann ich, leise zu beten. Als das Spiel losging, konnten wir zwar mithalten, verloren aber den ersten Satz ganz knapp. Im zweiten Satz konnten meine Freundin und ich uns eine Führung von fünf Toren erspielen! In diesem Satz klappte einfach alles. Ich fing an, Gott dafür zu danken und bat ihn: „Sei mir doch gnädig." Und was passierte? Wir konnten den Vorsprung halten und gewannen diesen zweiten Satz. Es war einfach unglaublich!
Aber es musste noch ein dritter Satz gespielt werden. Gleich zu Anfang gerieten meine Freundin und ich in Rückstand. Ich betete innerlich: „Herr, sei mir gnädig! Du bist ein mächtiger Gott und du kannst alles schaffen!" Das Gebet strömte durch meinen ganzen Körper. In mir breitete sich ein Gefühl des inneren Friedens aus. Der Friede hielt an, auch wenn meine innere Anspannung jetzt wuchs. Meine Freundin und ich konnten aufholen, und als das Zeichen für den Schluss kam, stand es vier zu vier. Wir mussten bis zum entscheidenden Tor schießen. Ich hielt kurz inne und sagte dann zu Gott: „Es ist dein Wille, wenn wir jetzt verlieren. Wenn wir aber jetzt gewinnen, dann ist es auch dein Wille, das hast du mir jetzt klargemacht. Ich füge mich deinem Willen. Sei bei mir!" Die Worte wiederholte ich immer und immer wieder in Gedanken. Plötzlich hatte ein Spieler der gegnerischen Mannschaft direkt im Sturm den Ball. Er traf eigentlich immer und es schien unmöglich, den Ball zu halten. Aber er schoss und ich hielt den Ball! Dabei hatte ich meine Kickerfiguren gar nicht bewusst bewegt.
Ich spürte, wie jemand mich lenkte und wusste,

dass es Gott war. Unglaublicherweise schoss meine Freundin direkt danach auf das Tor und traf. Wir hatten gewonnen und fielen uns in die Arme. Ich freute mich so sehr, dass mir die Tränen kamen. Aber ich wusste, dass ich mehr als nur dieses Spiel mit Gottes Hilfe gewonnen hatte. Ich hatte an Persönlichkeit und in der Beziehung zu ihm etwas dazugewonnen. Einen Sieg, den mir keiner mehr nehmen konnte. Gott hatte mir gezeigt, dass ich voll und ganz auf ihn vertrauen kann. Ich weiß bis heute noch nicht, woher während des Spiels dieses feste Vertrauen zu Gott kam. Ich persönlich glaube, dass Gott mehr Vertrauen von mir wollte und er mir deshalb dieses kleine Wunder geschenkt hatte. Seit diesem Tag weiß ich, dass man mit Glauben wirklich viel erreichen kann. Übrigens kamen wir dann doch nicht weiter, da wir das schlechtere Torverhältnis hatten. Aber das war gar nicht mehr schlimm …

Überlass dem Herrn die Führung deines Lebens und vertraue auf ihn, er wird es richtig machen.
Psalm 37,5

Svenja, 13

Vom Beten angeödet

Was passiert, wenn Beten auf einmal nicht mehr so spannend ist? Wenn man von der Vorstellung zu beten alles andere als begeistert ist? Wenn man viel lieber einfach schlafen würde? Diese Fragen beschäftigten mich, als ich eine Jüngerschaftsschule besuchte. Ich hatte einfach keinen Bock, mit anderen zu beten. Jeden Abend gab es einen gemeinsamen Tagesabschluss, bei dem wir unter anderem für verschiedene Anliegen beteten – mir graute davor. Ich konnte damit einfach nichts anfangen, sodass ich manchmal kurz vorher dafür betete, dass ich einschlafe, damit ich nicht dabei sein müsste!
Bibelverse, die die Glückseligkeit über Gottes Nähe betonten wie der Vers 11 aus Psalm 84 („Herr, ein einziger Tag in deinen Vorhöfen ist besser als sonst tausend!"), hörten sich für mich wie ein schlechter Witz an. Aber sie forderten mich auch heraus. Deshalb sagte ich zu Gott: „Wenn das wirklich stimmt, dann will ich das in meinem Alltag erleben. Und zwar nicht nur an tollen Lobpreisabenden, Jugendfreizeiten oder anderen besonderen Momenten, sondern im Alltag. Auch, wenn ich mit anderen zusammen bete!"
Und dann ist erst mal nichts passiert. Gar nichts. Ein paar Monate später wurden wir als Vorbereitung für einen Missionseinsatz auf eine Trainingswoche geschickt, in der wir lernen sollten, in Gottes Abhängigkeit zu leben und von ihm die Dinge zu erbitten, die wir brauchen. Weil wir kein Geld für Unterkunft und Reise zur Verfügung hatten, mussten wir mal eine Nacht auf dem Bahnhof

schlafen und auch mehrere Kilometer mit schwerem Gepäck durch den Regen laufen. Das war schon ganz schön hart. Und genau in dieser Zeit fing Gott auf einmal an, mein Herz zu verändern. Ich begriff, was für ein Vorrecht es ist, mit anderen zusammen in Gottes Gegenwart kommen zu können. Gerade, wenn man sich selber nicht helfen kann und auf Hilfe angewiesen ist. Ich habe erlebt, wie stark gemeinsames Gebet macht, wie es den eigenen Glauben und das Vertrauen zu Gott festigt und dass es auch etwas ist, woran ich mich festhalten kann, wenn ich sonst auf mich alleine gestellt bin. Mehr als alles andere habe ich mich in dieser Woche danach gesehnt, noch mehr Christen zu treffen, mit denen wir hätten beten können. Gott hatte doch auf mein Gebet geantwortet. Ganz leise – aber mit unglaublicher Kraft.

Anne, 20

Gebet ist ein Weg, Menschen lieb zu haben.

Richard Foster

Wofür noch mal Gebetsgemeinschaft?

Alle sitzen mit gesenktem Kopf da und einer betet laut – so sieht sie meist aus, die Gebetsgemeinschaft. Der Gedanke ist, dass man zusammen vor Gott steht. Zum einen ist es einfach großartig mitzukriegen, wie auch die anderen vor Gott kommen. Oft merkt man: Das schweißt zusammen. Zu hören, dass auch der andere vertrauensvoll mit Gott redet, das schafft Vertrauen. Zum anderen haben auch schon die ersten Gemeinden in der Bibel gemeinsam gebetet. Gleich nachdem Jesus auferstanden und in den Himmel gefahren war, beteten die Männer und Frauen zusammen um den Heiligen Geist, den Jesus ihnen versprochen hatte (steht in Apostelgeschichte 1,14). Und später traf sich die Gemeinde für einige Aktivitäten, zu denen auch das Beten zählte (siehe Apostelgeschichte 2,42), und als Petrus im Gefängnis saß, betete die Gemeinde Tag und Nacht inständig für ihn zu Gott (siehe Apostelgeschichte 12,5).

Am schönsten ist die Gebetsgemeinschaft, wenn alle echt und ehrlich mit Gott reden und auf ihn gucken und nicht so sehr überlegen, was die anderen wohl grad über einen denken, während man betet. Das ist das Ziel. Darum muss man sich auch nicht vorher alle Sätze fertig zurechtlegen, bevor man startet. Wenn man die ersten Male laut betet, kann das Überwindung kosten. Dann darf man erst mal anfangen – egal, wie.

Aus der Hölle rausgeholt

Eigentlich war ich schon immer Christ und mit Gott unterwegs. Aber als ich sechzehn Jahre alt war, habe ich leider auf meiner Lebensreise die falsche Abfahrt genommen. Ich geriet an die falschen Freunde, die viel mit Drogen zu tun hatten, und rutschte dann mit ihnen in dieses Milieu hinein. Mit Gott verbrachte ich auch nur noch in äußersten Notfällen etwas Zeit. Als ich eine Lehre als Zimmermann aus gesundheitlichen Gründen abbrechen musste, wusste ich erst mal nicht, wie es mit meinem Leben weitergehen sollte. Kein Job, kein Geld. Und meine Freunde konnten mir da auch nicht helfen. Als mir später mein Nachbar ein paar Aufträge als Lieferant, Bühnenbauer, DJ und Tontechniker vermitteln konnte, dachte ich: „Wow, was für ein Glück!" Auf exklusiven Partys, auf denen ich auflegte, lernte ich einige VIPs wie die Klitschko-Brüder oder auch Serien-Schauspieler kennen und konnte davon eine Zeitlang ziemlich gut leben.

Es sah für mich eigentlich wieder ganz gut aus. Eigentlich. Denn meinen Freunden von damals gefiel das überhaupt nicht. Sie waren überwiegend arbeitslos und teilweise auch kriminell. Was sie sahen, machte sie neidisch, und sie wurden zu meinen Feinden, die systematisch anfingen, mein Leben zu zerstören: Sie verbreiteten Lügen über mich und versuchten, mich in ihre kriminellen Geschichten reinzuziehen. Sie wollten mich wirklich fertigmachen. Das ging so weit, dass sie mit Baseballschlägern Tag und Nacht vor meiner Tür lauerten, um mich zusammenzuschlagen, wenn sie mich erwischen würden. Wenn ich raus musste, um Sachen zu erledigen, waren sie da. Jedes Mal musste ich um mein Leben rennen, damit sie mich nicht kriegten. Einmal haben sie meine Wohnungstür aufgebrochen. Mehrfach musste ich vor Gericht aussagen. Genau so hatte ich mir bis dahin die Hölle vorgestellt: Hass, Lügen, Verleugnungen und Schmerzen. Nun befand ich mich selber mittendrin. Ich war am Ende. Ich hatte einfach keine Kraft mehr und wollte nicht mehr leben. Nicht so. Also fing ich an zu beten. Gott musste doch eine Lösung wissen, damit ich aus dieser unerträglichen Situation wieder rausfinden konnte …

In diesem Gebet wurde mir dann klar, dass ich meine Tante, die 450 km von mir entfernt wohnte, anrufen sollte. Ich bat sie, bei ihr für eine Zeit wohnen zu können, bis mir eine Lösung eingefallen war. Also pendelte ich mehrere Monate, bis ich zuletzt regelrecht an ihren Wohnort flüchtete und dort untertauchte. Dort ergab es sich plötzlich, dass ich in einem Kindertagesheim als Zivi arbeiten konnte. Ich hatte nette Arbeitskollegen, die Christen waren. Ich fand wieder Anschluss an eine Gemeinde, wurde dort freundlich aufgenommen und gewann echte Freunde. Freunde, die Gottes Kinder sind und mich behandelten, wie ich das nie zuvor gekannt hatte. Gott hatte mein Gebet um eine Lösung nach Jahren endlich erhört.

Wenn ich heute zurückblicke, dann war das wirklich eine sehr schwere Zeit, in der ich manchmal dachte, dass Gott mich fallen gelassen hat. Dann haben mir Sätze von meiner Tante und auch von Freunden, wie „Daniel, gib nicht auf! Gott hilft, auch wenn man es erst ganz spät richtig merkt“, und auch der Psalm 70 wieder Mut gemacht, weiter an Gott dranzubleiben. Man will oft recht schnell aufgeben, aber bevor es gar nicht mehr geht, ist Gott dann doch da. Er lässt wirklich keins seiner Kinder fallen und ist immer da, auch wenn man es erst in letzter Sekunde bemerkt. Manchmal stellt Gott einen wie mich auf die Vertrauensprobe, aber in diesen Zeiten muss man einfach an ihm kleben bleiben. Gerade in schwierigen Zeiten. Dann erlebt man, dass Gott hilft und auf Gebete auch wirklich antwortet. Das ist unglaublich.

Die Menschen aber, die dich suchen,
sollen fröhlich sein und sich freuen.
Psalm 70,5

Daniel Kötter

Wir werden die Zeit zum Gebet
niemals haben,
wir müssen sie uns nehmen.
Richard Foster

Gedankengebetebuch

Wenn du gern nachdenkst und Logik liebst, könnte diese Idee etwas für dich sein: Besorge dir ein leeres Buch. Bete, indem du hineinschreibst. Auch Fragen an Gott, Dinge, die du nicht verstehst. Schreib Sachen auf, die dir an dir selbst aufgefallen sind und die du erlebt hast und vor Gott durchdenken möchtest. Reserviere hinten im Buch Platz für Fotos. Klebe Bilder von Menschen ein, für die du beten willst – oder auch Bilder mit Symbolen, die dich an Anliegen erinnern, für die du beten willst. Dein Gedankengebetebuch kannst du immer wieder hervorholen – und manchmal etwas hineinschreiben und manchmal einfach nur beten.

Guten Morgen, liebe Schöpfung

Bevor du morgens den Schulhof betrittst, mach doch mal noch einen Abstecher in Gottes Schöpfung. Egal, ob das ein kurzer Ausflug in euren Garten ist oder ein kleiner Umweg durch den Park oder Schulgarten. Hauptsache, du schnupperst frische Morgenluft – riechst an einer Blüte, amüsierst dich über ein Amselküken, sagst einem Schmetterling guten Morgen oder gehst ein paar Schritte barfuß über die Wiese. Merkst du, dass Gott uns mitten in seine Schöpfung gestellt hat und dass wir als seine Geschöpfe einfach perfekt hineinpassen?

Die Welle im Kreisverkehr

Begonnen hat alles mit einem Kreisverkehr im Jahr 2003. Das klingt vielleicht ein bisschen verrückt, aber vieles, was Gott anfängt, sieht auf den ersten Blick crazy aus. Philip, der in dieser Zeit in der Jugendarbeit in Wien kräftig mitgemischt hat, war im Auto unterwegs nach Hause. Als er in den Kreisverkehr vor seinem Haus fuhr, meldete sich plötzlich dieser Gedanke in seinem Kopf: „Phil, lade doch mal Leiter von Teengruppen der verschiedenen Konfessionen aus Österreich zu dir ein, redet über eure Erfahrungen und Hoffnungen und lernt euch kennen." Gedacht, getan. Kurze Zeit später saßen neun Jugendmitarbeiter aus der Evangelischen und Katholischen Kirche, aus freien Gemeinden und anderen christlichen Organisationen in seinem Wohnzimmer und quatschten. Womit aber niemand vorher gerechnet hatte: Sie alle hatten ein gemeinsames Ziel! Alle wollten Teens dafür begeistern, für ihre Schulen zu beten.

Was lag da näher, als gemeinsame Sache zu machen? Ein großes Gebetstreffen für Jugendliche musste her – mit Seminaren, um mehr übers Beten zu lernen, Lobpreis und gemeinsamen Gebetszeiten. Das Organisationsteam der Schladminger Fackelträger machte sich gleich daran, den ersten Teen Prayer Congress, genannt „tpc", in Österreich zu planen. Und zwar noch im gleichen Jahr.

Das Ergebnis im Dezember war überwältigend. 800 Teens sind aus allen Ecken des kleinen Landes gekommen und haben ein Wochenende lang eine Menge übers Beten gelernt – und selbst kräftig gebetet. Auch mal nachts unter freiem Himmel – bei Minusgraden mit Fackeln in der Hand. Ein

Jugendleiter aus Vorarlberg hatte mehrere Jahre dafür gebetet, dass so etwas passiert, und konnte es nun selbst miterleben: Teens beten gemeinsam. Zwei weitere Jugendleiter aus verschiedenen Gemeinden aus dem Burgenland waren so begeistert vom gemeinsamen Gebet, dass sie beschlossen, von nun an gemeinsame Jugendgottesdienste zu veranstalten ... Es war etwas in Bewegung gekommen.

Der zweite Teen Prayer Congress stieg im März 2005. Diesmal mit rund 1 000 Teens. Als Deko gab's eine riesige Österreichkarte, auf die die Teens während des Kongresses Punkte für ihren Gebetskreis kleben konnten. Am Schluss der Veranstaltung war die Karte übersät mit Punkten. Aber nicht nur die Teens hatten Feuer gefangen und viele kleine Gebetskreise gegründet – auch die Mitarbeiter konnten nicht genug davon bekommen, gemeinsam zu beten: Am Ende des Kongresses kam derjenige, der die Schule betreut hatte, in der die Teens geschlafen hatten, in die Mitarbeiterbesprechung und meinte: „Wir haben gerade noch mit dem Schulwart gebetet." Eine andere Mitarbeiterin gründete einen Gebetskreis an ihrer Ausbildungsschule. Das Besondere daran war, dass die Direktorin der Schule auch gläubig war und angesteckt wurde: Parallel dazu gründete sich ein Gebetskreis mit der Direktorin und den Lehrern dieser Schule. Was in der Zwischenzeit entstanden war, glich einer Gebetswelle, die immer weiterrollte ...

... und immer mehr Orte erfasste. Im folgenden Jahr war der tpc deshalb „on tour". Es gab ein Gebets-Meeting in Mödling, in Salzburg, in Kärnten und in Vorarlberg und den großen Abschlusskongress der Tour in Vöcklabruck. Mittlerweile ist der Prayer

Congress aus Österreich nicht mehr wegzudenken und heißt deswegen seit 2008 Austrian Prayer Congress – „apc" –, bei dem immer noch viel für das Umfeld von Teens gebetet wird, aber nicht nur: Gebetsgruppen gehen in Krankenhäuser und Altenheime, um für die Menschen zu beten. Sie tun das in Straßenbahnen für die Stadt oder am Parlament für das Land …

Aber das Fantastischste ist, dass sich neben diesen Events wirklich eine Gebetsbewegung entwickelt hat:

- Viele Teens haben eigenständig begonnen, einen Gebetskreis zu gründen. Ein Mädchen ist mutig zu ihrem Direktor gegangen und hat nach einem Raum gefragt, in dem sie sich treffen können. Seitdem gibt's dort einen Schülergebetskreis, der in der Mittagspause Gott für die Schule bittet …
- Ein anderes Mädchen erzählt immer in der Klasse, wenn Schularbeiten anstehen, dass sie noch für die Prüfung betet, und fragt, ob es noch Mitschüler gibt, mit denen sie zusammen beten soll …
- Viele Teens haben berichtet, dass sie dachten, sie wären die einzigen Christen an der Schule. Aber dann haben sie andere Mitschüler auf einem der tpcs kennengelernt und begonnen, in der Schule miteinander zu beten.
- Ein Teen aus meiner Gemeinde besucht regelmäßig den Schulgebetskreis in der 15-Minuten-Pause. Zu Beginn des vergangenen Schuljahres ist sie dann zum Direktor gegangen und hat gefragt, ob sie nicht durch die Lautsprecheranlage ansagen könnte, dass der Gebetskreis wieder beginnt. Sie hat sich eine Lehrerin zur Unterstützung mitgenommen und der Direktor hat Ja gesagt.

- Eine andere Freundin von mir hat in ihrer Firma einen Gebetskreis begonnen. Einmal in der Woche treffen sie sich zu zweit oder zu dritt und beten für ihre Arbeit.

Als Christoph Groetzinger, der Generalsekretär der Evangelischen Allianz, 2003 von unserem Wohnzimmer-Treffen bei Phil hörte, sagte er: „Gott wird mit diesem Treffen bestimmt Geschichte in Österreich schreiben." Und er hatte recht! Was mit einem Gedanken im Kreisverkehr begann, ist zu einem Netz aus Beziehungen und Freundschaften geworden, das dafür betet, dass Gott unter den Jugendlichen in Österreich was bewegt. Hunderte von Teens beten seither gemeinsam für und in ihren Schulen, was wiederum Gott zum Handeln bewegt. Manchmal muss man einfach drauflos starten, ohne zu wissen, was draus wird. Und alles andere Gott überlassen. Ich habe in diesen Jahren vor allem gelernt, auf Gott zu vertrauen und ihn um alles zu bitten. Oft habe ich Philipper 4, Vers 6 gebetet: „Sorgt euch um nichts, sondern betet um alles. Sagt Gott, was ihr braucht, und dankt ihm." Wir Österreicher können nur staunen, welche Dinge Gott tut! Und wenn du dich von der Gebetswelle mitreißen lässt, wird noch mehr geschehen – denn wenn Teens beten, ist Gott mittendrin und handelt. Viel Spaß beim Beten!

Angelika Steiner, apc

Gebetstreffen in Österreich:
www.austrianprayer.at
Gebetstreffen in Deutschland:
www.teensinmission.de
Gebetstreffen in der Schweiz:
www.jugendallianz.ch

Abendgebete

Dein Abendgebet kann schon beim Ausziehen anfangen: Mit jedem Kleidungsstück, das du ablegst, gibst du Gott die Dinge ab, die dich belasten, für die du um Vergebung bitten willst oder die du in Gottes Hand geben willst, damit er sie regelt.
Nimm dir vor, Gott eine Woche lang jeden Abend deine drei wichtigsten Gebetsanliegen zu sagen, wenn du auf deinem Kopfkissen liegst.
In manchen Mönchsgemeinschaften beten die Mönche in ihrem Nachtgebet vor Beginn der Nachtruhe dieses Gebet:

„Herr, kehre ein in dieses Haus
und lass deine heiligen Engel hier wohnen.
Sie mögen uns behüten,
damit wir in Frieden ruhen.
Und dein Segen bleibe allezeit über uns."

Anmerkungen

1 Aus Hans-Joachim Eckstein, Glaubensleben – Lebenslust, © 2008 SCM Hänssler im SCM Verlag GmbH & Co. KG, Holzgerlingen, S. 153.

2 Aus Ernesto Cardenal, Das Buch von der Liebe. © Peter Hammer Verlag Wuppertal, Neuausgabe 2004

3 Aus Hans-Joachim Eckstein, Ich habe meine Mitte in dir, © 2000 SCM Hänssler im SCM Verlag GmbH & Co. KG, Holzgerlingen, S. 62.

4 Aus Hans-Joachim Eckstein, Glaubensleben – Lebenslust, © 2008 SCM Hänssler im SCM Verlag GmbH & Co. KG, Holzgerlingen, S. 152.